BIBLIOTHÈQUE ET QUESTIONS COLONIALES ET MARITIMES

RÉCITS

DE

NAUFRAGES, INCENDIES, TEMPÊTES

ET

AUTRES ÉVÉNEMENTS DE MER

Par P. LEVOT

CONSERVATEUR DE LA BIBLIOTHÈQUE DU PORT DE BREST
CORRESPONDANT DU MINISTÈRE DE L'INSTRUCTION PUBLIQUE POUR
LES TRAVAUX HISTORIQUES, ETC.

PARIS

CHALLAMEL AÎNÉ, LIBRAIRE-ÉDITEUR

30, rue des Boulangers, et rue de Bellechasse, 27

CHEZ TOUS LES LIBRAIRES DE LA FRANCE ET L'ÉTRANGER

1867

RÉCITS

DE

NAUFRAGES, INCENDIES, TEMPÊTES

ET AUTRES ÉVÉNEMENTS DE MER

BAR-SUR-AUBE, TYP. Mme JARDEAUX-RAY

RÉCITS

DE

NAUFRAGES, INCENDIES, TEMPÊTES

ET

AUTRES ÉVÉNEMENTS DE MER

Par P. LEVOT

CONSERVATEUR DE LA BIBLIOTHÈQUE DU PORT DE BREST
CORRESPONDANT DU MINISTÈRE DE L'INSTRUCTION PUBLIQUE POUR
LES TRAVAUX HISTORIQUES, ETC.

PARIS

CHALLAMEL AÎNÉ, LIBRAIRE-ÉDITEUR

30, rue des Boulangers, et rue de Bellechasse, 27

CHEZ TOUS LES LIBRAIRES DE LA FRANCE ET L'ÉTRANGER

1867

AVANT-PROPOS

———

Ce recueil composé au moyen de documents, en partie inédits, en partie extraits des *Annales maritimes et coloniales,* du *Moniteur universel,* du *Moniteur de la flotte* et des journaux des ports, a, dans la pensée de son auteur, un but complexe. Si d'un côté il groupe, dans un cadre restreint, un certain nombre d'événements propres à émouvoir tout cœur sensible, et par cela même susceptibles de plaire à la généralité des lecteurs, d'un autre côté, il fournit aux jeunes gens qui se destinent à la marine

des sujets de composition ou de lecture leur
offrant des exemples de courage, de dévouement et d'habileté dans le choix des moyens
employés pour conjurer le danger ou atténuer
les malheurs qui n'avaient pu être évités, toutes
choses qui leur enseigneraient à se diriger eux-
mêmes dans des circonstances analogues.

Il était facile de donner une plus grande
extension à ce recueil. La matière, trop malheureusement, ne manque pas ; mais l'auteur
a pensé qu'il pouvait, quant à présent, se borner aux récits dont il se compose.

RÉCITS

DE

NAUFRAGES, INCENDIES, TEMPÊTES

ET AUTRES ÉVÉNEMENTS DE MER

NAUFRAGE DE LA FRÉGATE L'*ACIS*

La frégate l'*Acis*, armée par des particuliers et commandée par M. de la Boulardière, enseigne de vaisseau, devait partir de Brest, le 19 janvier 1711, avec les vaisseaux l'*Achille* et la *Dauphine*. M. de la Boulardière, voulant éprouver sa frégate, mit à la voile, la veille, vers 3ʰ de l'après-midi, par un temps magnifique. « *Il y avait à peine assez de vent pour esteindre une chandelle,* écrivait M. l'intendant Robert au ministre de la marine, le 2 février suivant. » Un grand nombre de personnes de

la ville, attirées par le plaisir que leur promettait cette excursion en rade, étaient à bord.
La frégate, après avoir couru plusieurs bordées, revenait à son mouillage, lorsqu'au moment où elle passait entre la pointe de Plou-
gastel et l'île Ronde, il s'éleva une risée qui la
fit chavirer en un clin-d'œil. Il était alors près
de 6ʰ du soir. Aucun des vaisseaux mouillés
sur rade n'eut connaissance de ce sinistre que
par les cris de détresse poussés sur la frégate,
cris qui ne furent entendus qu'un instant. On
ne sauva que 30 personnes de l'équipage et des
passagers. Parmi les noyés se trouvaient un
grand nombre de dames et de demoiselles de
la ville. Le lendemain, M. de Kerguelen, capitaine de port, fut expédié pour relever la
frégate, ce qu'il fit avec l'aide de M. de la
Boulardière, qui était parvenu à se sauver à
la nage. L'*Acis*, ramenée le même jour, entre
deux eaux, fut amarrée au quai de Recou-
vrance, en face de l'église Notre-Dame. Le sinistre ne fut attribué à aucune fausse manœuvre du capitaine, mais à la mauvaise construction de la frégate qui ne portait pas la voile,
dont le gréement était trop pesant et la mâture trop haute, bien que M. de la Boulardière

eût fait réduire le grand mât de trois pieds.

Il est de tradition à Brest que, peu d'années avant la Révolution, un bâtiment mouillé presque à l'entrée du port, sombra instantanément, et qu'un grand nombre de personnes attirées par une fête qui se donnait à bord furent englouties. De ce nombre aurait été une jeune femme mariée depuis huit jours, et qui, soit pressentiment, soit tout autre motif, n'aurait cédé qu'à grand'peine aux instances réitérées de son mari. Cambry, qui écrivait en 1794, et qui aurait pu, non-seulement recueillir des contemporains les détails exacts de la catastrophe, mais encore sa vraie date, se borne à dire dans son *Voyage dans le Finistère :* « Il y a 40 ou 50 ans, dans une de ces fêtes qu'on se plaît à donner sur les vaisseaux, presque toutes les femmes de la marine de Brest furent englouties dans la rade ; on leva l'ancre, on courut des bordées ; la frégate s'ouvrit ; tout disparut : des êtres vivants se rappellent cet événement funèbre. » A ce récit de Cambry, M. de Fréminville ajoute la note suivante dans sa réédition du *Voyage dans le Finistère :* « Ce n'était point une frégate, mais un vaisseau nommé l'*Ardent,* de 64 canons. Cette catastrophe arriva *tout près de l'île Ronde* par l'imprévoyance de l'officier qui commandait la manœuvre. En draguant des ancres dans la rade, en 1817, on retira du fond de la mer une grande partie de l'arcasse de ce malheureux vaisseau. Dans ce bois pourri et vermoulu, on trouva un ver marin fort singulier. Il avait neuf pieds de longueur, la grosseur du petit doigt et une tête trilobée en forme de trèfle. Je n'ai pu le rapporter à aucun genre déjà connu, et sur ma prière, M. Milius, alors directeur du port, l'a envoyé conservé dans l'esprit de vin à M. Cuvier. » Les deux récits qui précèdent, rapprochés l'un de l'autre, s'appliquent assez bien aux circonstances de la perte de l'*Acis*, et, pour les concilier, il faudrait d'autant moins d'efforts d'imagination, qu'en suivant la trace des vaisseaux qui, dans la marine militaire, ont successivement porté le nom d'*Ardent*, on voit qu'ils ont tous eu des sorts différents. Nous reconnaissons toutefois que la tradition d'un événement, autre que celui du naufrage de l'*Acis*, et accompli dans des circonstances presque analogues, est très vivace à Brest, et que beaucoup de personnes y affirment encore l'avoir appris de leurs parents qui en

auraient été témoins ou l'auraient recueilli de
la bouche de leurs amis. Nous avons fait des recherches multipliées, mais infructueuses, pour
éclaircir ce fait. La correspondance adminis-
trative, où sont consignés avec une rigoureuse
fidélité les faits analogues, même quand ils
ont une bien moindre importance, est muette
en ce qui concerne celui qui motive la tradition
locale ainsi que les récits de MM. Cambry et
de Fréminville. La tradition n'aurait-elle pas
subi, en cette circonstance, le sort que lui fait
souvent éprouver la transmission orale ? N'aurait-elle pas altéré la date qui, d'après nos deux
auteurs eux-mêmes, devrait tout au moins être
reportée vers 1754 ou même 1744, ce qui,
dans l'un comme dans l'autre cas, la rappro-
cherait beaucoup de celle de la perte de l'*Acis?*
N'osant prendre parti ni pour ni contre la
question en litige, nous nous bornons à men-
tionner ici les diverses versions qui ont cours.

Enfin, comme nous ne voulons omettre aucune des versions auxquelles a donné lieu la
perte dans la rade de Brest, d'un navire où l'on
donnait une fête, nous terminerons en disant
que quand M. Beautemps-Beaupré eut reconnu,
en 1816, l'existence d'une basse, isolée et de

peu d'étendue, gisant à neuf pieds au-dessous du niveau des plus basses mers, et qu'il en eut déterminé la situation à 840 toises du mât de signaux de l'île Ronde et 3,366 toises de l'église Saint-Louis de Brest, il lui donna le nom de *basse du Renard*, en souvenir d'un bâtiment de ce nom qui, lui fut-il dit, s'était perdu sur cette roche, ayant à bord beaucoup de personnes de la ville.

NAUFRAGE DU VAISSEAU LE *FLEURON*

———

Le vaisseau de 60 canons le *Fleuron*, construit à Brest en 1730, n'attendait qu'un vent favorable pour mettre à la voile, ainsi que le vaisseau *le Neptune*, comme lui mouillé sur rade. M. le capitaine de vaisseau Desgouttes, commandant du *Fleuron*, alla, dans la matinée du 1er février 1745, prendre ses dernières instructions chez M. de Camilly, commandant, lequel voulait le retenir à dîner, et après une visite de quelques minutes à l'intendant, il retourna à son bord à 10h du matin. Il était à peine descendu dans sa chambre qu'un incendie se manifestait dans la soute aux poudres, et qu'on ressentait à bord une secousse. Le bruit fut sourd, mais la secousse violente, puisqu'elle ébranla et rompit tout ce qui était

1

au-dessus, peut-être même la chambre du commandant qu'on en vit sortir un œil pendant et
la tête baignée de sang. Il se réfugia sur le
gaillard d'arrière ; presqu'aussitôt une nouvelle secousse lança à la mer la dunette et la
sentinelle qui s'y trouvait en faction. En même
temps, le feu prenait au mât d'artimon ; une
troisième secousse qui eut lieu quelques secondes plus tard fut si forte que le deuxième
pont fut séparé d'un pied des murailles du
vaisseau. M. Desgouttes, que soutenait un matelot, fut renversé par une planche qui l'atteignit dans les reins ; on le releva et on le porta
sur l'un des passavants où il saisit un bout de
corde à l'aide duquel il voulait tenter de descendre dans une des embarcations qui s'approchaient. Le canot du *Neptune* arriva le premier,
mais presque immédiatement survint celui du
Fleuron : « *Sauve donc ton capitaine !* » cria
le patron du premier à celui du second, et en
même temps, il évita un peu pour faciliter la
manœuvre de son camarade. Mais, soit que les
forces manquassent à M. Desgouttes, soit qu'encore étourdi par les blessures et les chocs qu'il
avait reçus, il eût lâché la manœuvre qu'il
tenait, il tomba à l'eau, et ne put être saisi.

Le mât d'artimon étant tombé, le feu gagna le grand mât, et l'équipage, sourd à toutes les remontrances, fut saisi d'épouvante, bien que 30 chaloupes ou canots entourassent le vaisseau et offrissent un refuge assuré à ceux qui auraient écouté la voix de la raison. Presque tous se jetèrent à l'eau et beaucoup se noyèrent.

Le feu, redoublant de violence, gagnait les hauts et sortait par les sabords. Tout espoir de sauver le vaisseau étant perdu, on s'attacha à le retirer de son mouillage, dans la crainte que, coulé bas, il ne gênât plus tard les mouvements de la rade. On jeta des grapins à bord, avec des chaînes en fer, on coupa les câbles, et le *Fleuron*, remorqué par des chaloupes, fut échoué sur le banc de Saint-Marc. Il ne fut entièrement consumé qu'à deux heures de la nuit.

Quelques jours après, le corps du capitaine Desgouttes fut rejeté sur la plage et reconnu par ses amis. Au moment de sa mort il portait une veste et un habit rouges, galonnés d'or, et quelques personnes ajoutaient qu'il devait avoir sur lui de l'or et une bague. Peut-être n'avait-il pas cette bague au doigt, car l'état de sa main n'indiquait pas qu'on l'en eût arrachée. Toutefois, comme il était avéré que son corps gîsait depuis plusieurs jours sur le rivage, il est vraisemblable qu'il avait été dépouillé, soit qu'on eût trompé la vigilance des 10 hommes que M. de Camilly avait envoyés avec un bugalet, dès le 2 février, pour prévenir le pillage, soit qu'au bout de quelques jours cette surveillance eût cessé et eût ainsi permis aux paysans de la côte de mieux réussir que dans la nuit du 2 février. L'équipage du bugalet, alors occupé à amarrer la carcasse du navire, avait été obligé d'en éloigner plusieurs à coups de fusil.

M. Clément-François Charry-Desgouttes, capitaine de la compagnie des gardes de la marine de Rochefort et chevalier de Saint-Louis, âgé de 55 ans, fut inhumé avec pompe dans l'église Saint-Louis de Brest, le 19 février 1745. MM. de la Rochejacquelein, lieutenant en pied, de Montchauveau, enseigne, et de Chabannes, garde de la marine, ce dernier neveu du commandant, avaient aussi péri, mais leurs corps n'avaient pas été retrouvés.

NAUFRAGE DU *SAINT-GÉRAN*

———

Des procès-verbaux exhumés, en 1821, de
la poussière du greffe de l'île Bourbon, par M.
le baron Milius, alors gouverneur de cette colonie, ont fait connaître les causes et les incidents de la perte du vaisseau le *Saint-Géran*,
sur lequel Bernardin de Saint-Pierre a placé la
mort si touchante de Virginie. Dieu nous garde
de regretter que cet admirable peintre de la
nature ait emprunté à sa palette les riches et
suaves couleurs du tableau dans lequel il a en-
cadré ce sinistre! Sa pastorale a été et sera
toujours pour ceux qui l'ont lue et la reliront,
une cause d'émotion justifiée par l'attrait du
sujet, le charme du style et le talent avec lequel l'auteur a fondu dans son œuvre des épi-
sodes et des circonstances d'origines diverses,

de manière à en faire un tout homogène qui ne cesse de captiver le cœur et l'esprit. « C'est ainsi, dit M. Lémontey *(Etude littéraire sur la partie historique du roman de Paul et Virginie)*, c'est ainsi que l'aventure des deux enfants retrouvés par le chien qui a flairé un de leurs vêtements était racontée par M. de Crevecœur, dans ses *Lettres d'un cultivateur américain.* Les deux cocotiers qui servent de monument à la naissance de ces deux enfants sont tirés des *Jardins* de l'abbé Delille. La grâce de l'esclave fugitive, obtenue de son maître irrité, avait eu lieu en Pologne sous les yeux de M. de Saint-Pierre, et par la générosité d'une femme qu'il aimait. Ce tableau digne de l'Albane, ce groupe riant de Paul et Virginie se défendant ensemble de la pluie, avait été fourni à l'auteur par l'industrie de deux enfants du faubourg Saint-Marceau, qu'il vit un jour opposer à une averse la jupe de l'un d'eux arrondie en coquille sur leurs deux jolies têtes. Les plaintes d'une éloquence si admirable qu'il met dans la bouche de Paul, après l'embarquement de Virginie, étaient le souvenir de sa passion, le cri de sa propre douleur, lorsqu'au milieu des fougues de sa jeunesse, l'ordre d'une

mère vint arracher de ses bras l'amante qui lui
faisait chérir les frimas de Varsovie. Enfin, si
l'on compare les faits réunis par son biographe,
on reconnaît qu'il a déposé les affections de son
cœur jusque dans la dénomination des personnages de son roman. L'héroïne porte les deux
noms de *Virginie de la Tour*, et ces deux noms
lui rappelaient deux jeunes étrangères, ornées
de charmes, de candeur et de vertu, dont la
main lui fut offerte, et que sa mauvaise fortune l'obligea seule de refuser : l'une était
mademoiselle *La Tour*, fille du général du
Bosquet, au service de la Russie ; l'autre, mademoiselle *Virginie* Taubenheim, fille d'un
régisseur des fermes à Berlin. La dénomination
de *Paul* atteste un emprunt plus singulier.
C'est le nom d'un moine franciscain, pour qui
Bernardin de Saint-Pierre, encore enfant, s'é-
tait pris d'une si vive amitié qu'on ne put l'en
séparer, et qu'il accompagna ce pauvre frère
Paul dans une quête au travers de la Nor-
mandie, préludant pour ainsi dire à ses courses
sur les deux hémisphères par la bizarrerie de
ce pèlerinage séraphique. » Mais, objectera-
t-on peut-être, qu'importe le plus ou moins de
véracité de ces détails si celle de la partie du

roman qui concerne le *Saint-Géran* est inattaquable? C'est juste. Aussi n'aurions-nous rien à répondre si le fait principal du naufrage n'avait pour cortége une série de faits imaginaires, tels que le changement des personnages et de l'époque du sinistre, arrivé le 17 août, par un temps calme, et non le 24 décembre, sous les coups d'une horrible tempête, parceque l'auteur avait besoin d'un ouragan pour compléter son tableau de la nature sous les tropiques; si le refus par le capitaine de se dépouiller de ses vêtements n'avait été reporté à l'héroïne du roman, pour que Bernardin de Saint-Pierre pût tirer de cet incident la plus forte et la plus neuve des situations de son livre, en substituant la pudeur virginale à la délicatesse moins émouvante d'un vieillard, etc., etc. Si la vérité historique a moins de chances de plaire, c'est peut-être une raison de plus pour qu'elle ne déserte ni ses droits ni ses devoirs; ses droits, parce qu'elle ne saurait les laisser usurper, même par le génie; ses devoirs, parce que la revendication de la vérité est d'autant plus impérieusement commandée que celui qui l'a altérée exerce plus de prestige. C'est sous l'influence de ces sentiments, que nous allons exposer, dans toute leur simplicité, les circonstances du naufrage du *Saint-Géran*, telles que les font connaître les documents authentiques insérés dans les *Annales maritimes et coloniales de 1822*, 2ᵉ partie, pages 159-175. La stricte réalité est assez navrante pour qu'on n'ait besoin d'y rien ajouter.

Le *Saint-Géran*, vaisseau de la compagnie des Indes, du port de 7 à 800 tonneaux, partit de Lorient, le 24 mars 1744 ; il avait un nombreux équipage, et pour officiers MM. Delamare, capitaine ; Malles, premier lieutenant ; de Péramont, deuxième lieutenant ; Longchamps de Montendre, premier enseigne ; Lair, deuxième enseigne, et le chevalier Boette, enseigne surnuméraire. A son arrivée à Gorée, 22 jours après, le vaisseau y embarqua 20 nègres et 10 négresses, tant Yolofs que Bambaras. Un jeune homme, nommé Belleval, se disant chirurgien, déserta la colonie dont il redoutait le climat et s'embarqua furtivement. La navigation fut longue et périlleuse. Dix hommes étaient morts et une centaine environ gisaient sur les cadres, incapables de tout service, lorsque le bâtiment se trouva, le 17 août, à 6 lieues de l'Ile-de-

France, et reconnut les petites îles qui en si-
gnalent les abords. Le ciel était serein, le soir
approchait. Les officiers délibérèrent sur ce
qu'il y avait lieu de faire. Le capitaine fut
d'avis de profiter du beau clair de lune pour
dépasser les îles et mouiller à la grande terre,
à l'endroit appelé le *Tombeau.* Mais M. Malles
combattit cette opinion, en objectant que, si
l'on mouillait à l'endroit indiqué, il ne reste-
rait pas assez de monde à bord pour lever les
ancres, attendu le grand nombre des malades.
Alain Ambroise, premier bosseman (officier
marinier chargé de la manœuvre), prit alors la
parole, et s'adressant à M. Malles : « Monsieur,
lui dit-il, j'ai été onze mois patron de chaloupe
dans ce pays, et je sais comment on s'y manie;
lorsque vous serez mouillé au *Tombeau*, vous
n'avez qu'à tirer un coup de canon, et vous
aurez aussitôt tous les bateaux et tous les gens
du port à votre bord ; si ensuite vous avez besoin de 1000 hommes, vous les aurez peu de
temps après ; d'ailleurs vous pourriez filer vos
câbles, les ancres seraient sur un bon fond,
et il serait fort aisé de les ravoir. » Impatienté,
M. Malles lui répondit : « Taisez-vous, je con-
nais la côte mieux que vous », et il accompagna

cette réplique de deux soufflets. Le capitaine finit par dire à ses officiers : « Vous êtes plus pratiques que moi ; il y a 20 ans que je ne suis venu ici, mes idées se sont effacées, prenez la conduite du vaisseau. » Il fut arrêté qu'on passerait la nuit à la cape sous la grande voile.

M. Longchamps de Montendre, qui fit le quart jusqu'à minuit, gouverna assez bien par les conseils du premier bosseman ; mais M. Lair, qui lui succéda, bien qu'averti, à deux reprises, par les matelots Tassel et Bienvenne, qu'il approchait trop de terre, n'en tint aucun compte. Vers 2^h 1/2, M. Malles monta sur le pont et fit chercher le capitaine. Tous deux se félicitaient de la beauté du temps et sur l'assurance du second pilote qu'on faisait bonne route, M. Delamare répéta : « *Nous faisons bonne route.* » Le timonier changea aussitôt la barre, et l'on allait laisser tomber le point de la grande voile, lorsqu'on entendit une voix crier, à plusieurs reprises, du gaillard d'avant : *Terre !* Presque aussitôt, une lame prenant le vaisseau par le travers, le jeta sur un brisant avec une telle violence qu'un craquement épouvantable se fit immédiatement entendre et ne laissa aucun doute sur la perte prochaine du *Saint-Géran*. Sa position sur le flanc menaçait de le faire chavirer sous le poids de sa mâture. On ne pouvait s'y tenir debout qu'en s'accrochant au gréement. Cette situation désespérée empira encore par l'inégalité du récif sur lequel le navire était échoué ; la quille se rompit, et les deux extrémités du vaisseau se soulevèrent, position qui ne permettait ni de lui faire faire le plus léger mouvement sous peine d'en hâter la perte, ni de tirer le canon pour appeler du secours.

Dès le premier choc, M. Delamare avait fait sonner la cloche, et en un clin d'œil, officiers, matelots et passagers avaient encombré le pont et les gaillards. Les caliornes et les candelettes furent parées pour mettre les canots à la mer ; mais, comme il y avait peu de monde en état de monter aux hunes, cette manœuvre se fit mal et lentement. Le navire commençant à donner la bande, « Nous allons chavirer », s'écria M. Delamare. Il fit appeler alors le maître charpentier qui, sur son ordre, coupa le grand mât à coups de hache. En tombant à tribord, ce mât entraîna avec lui le mât d'artimon qui se cassa à quinze ou seize pieds au-dessus du

gaillard d'arrière. M. Delamare prescrivit ensuite de mettre la yole dehors, à bras ; mais,
le monde manquant à la manœuvre, elle tomba
sur le pont. Cependant le navire donnait de
plus en plus la bande, ce qui suggéra à M.
Malles l'idée, favorablement accueillie par le
commandant, de couper le mât de misaine.
Les charpentiers, après l'avoir abattu à tribord,
revinrent sur le gaillard d'arrière où ils apportèrent des planches afin d'en faire un ras ;
les mâts de la chaloupe et un espar furent
aussi apportés pour qu'on assemblât le tout ;
mais tout le monde était si troublé qu'on ne
pouvait venir à bout de faire travailler personne. « Mes enfants, dit alors M. Malles aux
hommes de l'équipage, tâchons de chavirer le
canot afin de parer la chaloupe pour qu'elle
vienne à flot lorsque le vaisseau s'ouvrira et
que l'on puisse du moins sauver quelques personnes. » Tous ceux qui étaient en état d'agir
se mirent à la manœuvre ; le canot fut bien
chaviré en dehors de la chaloupe, mais, en
tombant, il en brisa le côté de tribord, et se
brisa lui-même. *Miséricorde !* tel fut le cri
qui s'échappa de toutes les bouches à la vue
des canots défoncés et brisés. On se rangea au

vent du navire, et quand il commença à paraître, on chanta l'*Ave maris stella* et le *Salve
Regina cœli,* sur la demande de M. Malles qui
pria ensuite l'aumônier de faire des vœux à
sainte Anne d'Auray. Ces vœux ayant été faits,
l'aumônier donna la bénédiction et l'absolution
générale à tous les assistants agenouillés comme
lui. « Si j'ai offensé quelqu'un, ajouta M.
Malles, je lui en demande pardon. »

Cependant le premier bosseman était parvenu à faire un ras avec une vergue de hune
et des bouts-dehors qui étaient dans les grands
porte-haubans. Plus de 60 personnes s'y précipitèrent avec un empressement et un désordre
qui le firent chavirer. Toutes furent englouties.
Ce fut alors parmi ceux qui restaient à bord
un *sauve qui peut* général. Le boulanger se
jeta le premier à la mer, avec un paquet sur le
dos ; il se noya presque immédiatement. Le
bosseman Tassel lui succéda. Tout le monde
prêtait une attention anxieuse à ce qu'il devien-
drait pour faire comme lui, en cas de succès.
Il fut bientôt paré des lames et en dehors des
brisants. Encouragés par son exemple, le
pilotin Janvrin et le canonnier Verger, qui
voyaient venir un grain et craignaient que la

mer ne devînt plus mauvaise, s'élancèrent à
l'eau et se placèrent sur une planche qu'ils
parvinrent à saisir. Bien qu'excellents nageurs, ils furent, 5ʰ durant, entre la vie et
la mort. Ils atteignirent enfin, sains et saufs,
l'île d'Ambre. Un passager nommé Dromat (1),
de Saumur, qui allait remplir les fonctions de
commandeur sur une habitation de Bourbon,
voyant tout le monde se jeter à l'eau, et ne
sachant pas nager, ne savait quel parti prendre. Apercevant dans les porte-haubans trois
avirons de chaloupe, il les lia avec l'aide d'un
matelot et d'un gabier qui s'y placèrent avec
lui. Ils avaient à peine dépassé la poupe du
vaisseau qu'une forte lame fit lâcher prise au
gabier qui s'accrocha aux cheveux de Dromat.
Ce dernier se tint si ferme sur les avirons
qu'une poignée de ses cheveux resta entre les
mains du gabier qui ne tarda pas à disparaître.
Dromat et son compagnon, après avoir été
longtemps ballottés par les lames, furent enfin

---

(1) Cet individu était endormi au moment où le *Saint-Géran*
échoua. Dans sa déposition devant le juge de Bourbon, il ne dit rien
des circonstances du naufrage ; mais, en revanche, il eut la lâcheté et
l'impudeur de dénoncer comme impie et blasphémateur, un passager
qui n'avait pas eu le bonheur d'échapper, comme lui, au sinistre.

poussés jusqu'à l'île d'Ambre, où le matelot succomba presque en arrivant.

Pendant que ces faits se passaient, le pont et les gaillards du *Saint-Géran* étaient le théâtre de scènes non moins émouvantes. M. Belleval poussait des cris lamentables. Les autres passagers étaient plus calmes et plus résignés. Sur le gaillard d'arrière on voyait Mlle Mallet, avec le second lieutenant M. de Péramont, qui ne l'abandonna pas, et sur le gaillard d'avant, Mlle Caillou, avec trois autres passagers, MM. Villarmois, Gresle, Guiné, et l'enseigne Longchamps de Montendre qui, descendu le long du bord pour se jeter à la mer, remonta presque aussitôt afin de déterminer Mlle Caillou à se sauver, ce qu'il ne semble pas qu'elle ait essayé.

Cependant le capitaine Delamare et le lieutenant Malles étaient toujours à bord. S'adressant à Edme Caret, son patron de chaloupe, qui était assis et examinait attentivement ce qui se passait, M. Delamare lui demanda ce qu'il comptait faire. « Je vais, répondit Caret, chercher une planche ou quelques morceaux de bois pour me sauver. » Il alla, en effet, chercher la planche de la chaloupe, et, d'après les conseils de M. Delamare, il mit deux estropes aux ex-trémités de la planche. Pendant qu'il faisait cette opération, le capitaine descendit dans sa chambre, et après avoir causé quelques instants avec M. Malles, il revint vers Caret qui lui dit : « Monsieur, quittez votre veste et votre culotte, vous vous sauverez plus aisément. » M. Dela-mare n'y voulut pas consentir, alléguant pour motif qu'il ne conviendrait pas à sa position d'arriver à terre dans un tel état de nudité, et qu'il avait d'ailleurs dans sa' poche des papiers dont il ne voulait pas se séparer. « Jetterai-je la planche, dit alors Caret ? — Oui, répliqua M. Delamare », qui l'enfourcha aussitôt. Sai-sissant une des estropes, et traînant la planche après lui, le patron se mit à nager, mais une lame lui poussa bientôt la planche dans la poi-trine, et le rejeta à plus de quinze pieds. Par-venu à ressaisir la planche, il continua de la hâler après lui, franchit heureusement les bri-sants, et se trouva avec son capitaine sur un fond où ils avaient pied et de l'eau jusqu'à la ceinture seulement. Là ils trouvèrent sur un ras formé d'une vergue et d'un espar, 8 ou 10 personnes du nombre desquelles étaient M. Lair, et Hector, noir libre, domestique de

M. Delamare. Hector, apercevant son maître, lui cria : « Venez avec nous, vous serez mieux que sur votre planche. » M. Delamare et son patron suivirent ce conseil ; mais Caret, voyant que le ras était trop chargé, regagna sa planche, et un instant après, le ras, entraîné par un fort courant, revint vers lui. Il se sentit lui-même ramené, malgré tous ses efforts, dans les lames, par un courant semblable, et il perdit même sa planche. La mer déferlant avec fureur en cet endroit, il fut obligé de plonger, à plusieurs reprises, et de s'accrocher dans le fond aux rochers pour n'être ni accablé par le poids énorme de la lame ni brisé par les épaves qu'elle roulait avec violence. A sa rentrée dans les lames, il y avait plus de 20 personnes autour de lui, et M. Delamare était sur un ras ; mais, lorsqu'il plongea la première fois pour éviter les pièces de bois qui flottaient, il n'aperçut personne en revenant à la surface, et c'est alors que M. Delamare dut périr avec ceux qui l'entouraient. Enfin, après des efforts inouïs, Caret, hors des lames, mais épuisé par la fatigue, trouva à propos une jumelle sur laquelle il se plaça, et parvint, après avoir couru maints nouveaux dangers, à gagner un endroit

où il avait pied. Il se reposa et prolongea les
récifs en poussant peu à peu sa jumelle devant
lui afin de ne plus s'engager dans les courants
et les lits de marée qui avaient failli le faire
périr. Les deux matelots Le Guain et Le Page,
ainsi que le premier bosseman Ambroise, parvinrent, comme lui, et au prix des mêmes dangers, à atteindre l'île d'Ambre.

On n'a jamais su combien de victimes succombèrent dans cette déplorable catastrophe ;
mais, à en juger par le nombre des malades
qu'il y avait à bord (100 environ), celui des
morts dut être considérable. Douze personnes
seulement abordèrent à l'île d'Ambre, et encore
trois d'entre elles moururent-elles en touchant
la terre. Les 9 survivants étaient les deux bos-
semans Ambroise et Tassel, le charpentier Le
Guain, le patron Caret, les matelots Chardrou
et Le Pays, le pilotin Janvrin, l'adjudant canonnier Pierre Verger et le passager Dromat.
Pendant deux jours ils errèrent sur la plage,
espérant qu'ils y seraient rejoints par quelques-
uns de leurs compagnons d'infortune. Cet espoir étant déçu, Ambroise, Tassel et Chardrou
gagnèrent la terre sur la jumelle. Aussitôt
qu'ils furent arrivés à un poste de chasseurs,

à la mare des Flamands, une chaloupe portant quelques soldats, du riz et de la viande de cerf, vint recueillir leurs 6 compagnons presque mourants. A leur arrivée au Port-Louis, les 9 naufragés firent devant M. Herbault, conseiller au conseil supérieur de l'Ile-de-France, les dépositions dont nous venons de présenter la substance.

NAUFRAGE DU VAISSEAU LE *RÉPUBLICAIN*

—

Le vaisseau de 110 canons le *Républicain* (ancien *Royal-Louis)*, capitaine Longer, faisant partie de l'armée navale aux ordres du vice-amiral Villaret-Joyeuse, reçut dans l'après-midi du 4 nivôse an III (24 décembre 1794), l'ordre d'appareiller pour escorter la division commandée par le contre-amiral Renaudin, division qui allait porter des munitions de guerre à Toulon. Au moment où l'appareillage allait s'exécuter, le vent, qui soufflait déjà avec force, augmenta par raffales de l'E.-N.E., et rendit nulles les manœuvres qu'on tenta pour empêcher le vaisseau de chasser sur ses ancres. Les avaries que ces raffales causèrent à son gréement ajoutèrent aux difficultés de l'appareillage; on ne put lever les ancres ni

2.

les câbles aussi promptement qu'il l'aurait fallu pour que les courants n'eussent pas maîtrisé le vaisseau pendant que le jusant était dans toute sa force. Une autre cause de retard fut l'obligation de mouiller à environ deux encâblures de la *Cormorandière*, afin d'éviter d'être jeté sur cet écueil. Une embellie, qu'un intervalle de calme avait paru présager, et qu'on attendit jusqu'à mi-flot, ne permit qu'à 4ʰ du soir de mouiller dans l'anse de Sainte-Anne où, le câble de l'ancre de bâbord s'étant rompu, on jeta en vain celle de veille qui ne put tenir par 70 brasses. La nuit se faisait, et l'obscurité était augmentée par une neige épaisse qui empêchait le pilote chargé de la sortie du navire de reconnaître sa position. On lui fit observer toutefois que le vaisseau était en danger de se jeter sur la roche Mingant, à quoi il répondit qu'elle était doublée. Il fit manœuvrer en même temps afin de dériver en chenal pendant quelque temps pour appareiller ensuite et prendre le large. Il était alors 5ʰ 45ᵐ. Au même moment, le *Républicain* talonna sur la roche par la hanche de bâbord sur l'arrière du porte-haubans d'artimon ; l'eau entra dès lors rapidement dans la cale. La batterie haute et celle des gaillards furent jetées à la mer, ce qui n'empêcha pas le vaisseau de s'enfoncer promptement. La violence du vent ne permit d'envoyer du secours que dans la matinée du lendemain. Le vaisseau le *Fougueux*, capitaine Labrier, arrivé l'avant-veille de Rochefort, et mouillé à Camaret, lui envoya ses embarcations à 9ʰ et parvint à sauver la majeure partie de l'équipage ; 10 hommes seulement se noyèrent. Quand l'impossibilité de sauver le vaisseau eut été bien constatée, on l'abandonna. Le capitaine, qui n'avait quitté son poste que le dernier, fut déchargé de toute accusation par le jury militaire devant lequel il dut comparaître, aux termes des règlements, le 30 floréal an ɪɪɪ (19 mai 1795). Il n'en fut pas de même de trois des officiers, les lieutenants Miquel et La Cam, et l'enseigne de vaisseau Lemonnier, prévenus d'avoir enlevé, à 9ʰ du soir, pour se sauver, le canot du commandant, seule ressource dont on pût disposer en faveur de l'équipage, la chaloupe du vaisseau étant en radoub à Laninon, et le grand canot s'étant brisé sur la roche Mingant. Le lieutenant Miquel allégua que, souffrant de la goutte, il s'était jeté dans le canot pour se soustraire aux embarras que sa présence à bord aurait pu causer soit aux autres, soit à lui-même. Les deux autres officiers donnèrent pour motifs, l'enseigne Lemonnier, qu'il s'était jeté dans le canot pour sauver un matelot tombé des vergues, et le lieutenant La Cam, qu'il s'é-tait joint à eux afin de mieux examiner la situation du vaisseau par rapport à la roche ; que tous trois avaient fait des efforts inutiles pour remonter à bord du *Républicain ;* que la bosse du canot s'étant rompue, ils avaient crié de leur jeter une amarre, mais qu'ils ne l'a-vaient pas reçue, soit qu'on ne les eût pas en-tendus, soit que la position du vaisseau n'eût pas permis de la leur donner, ce qui les avait fait aller en dérive; que n'ayant plus alors au-cun moyen possible de regagner le vaisseau ni de recevoir de secours, ils avaient été contraints d'aller atterrir au fort Minou. Ils ajoutaient que leur premier soin, en arrivant à terre, avait été de réclamer les secours les plus prompts pour le sauvetage du vaisseau, ou tout au moins de l'équipage, et que c'était à leurs instances qu'était particulièrement dû le prompt envoi du both et des embarcations expédiés du fort. Le conseil les déclara coupables d'absence illi-

cite et les renvoya au contre-amiral, commandant des armes, lequel, leur faisant application
des articles 2 et 4 du code pénal militaire du
21 août 1790, les condamna à une détention
de deux mois à l'amiral, avec suspension de
fonctions et privation de solde.

COMBAT ET NAUFRAGE

DU

VAISSEAU LES *DROITS DE L'HOMME*

———

Le vaisseau de 74 canons les *Droits de l'Homme*, dont l'existence devait être si courte — moins de 3 ans — avait été lancé à Brest, le 29 mai 1794. L'opération du lancement, faite avec un plein succès, avait néanmoins été attristée par un bien fâcheux événement, la rupture d'un des câbles de retenue qui avait tué roide un aide chef charpentier et blessé 6 ouvriers que la curiosité avait portés à trop s'approcher du vaisseau. Le premier avait été atteint pendant qu'il voulait faire s'éloigner les ouvriers auxquels il remontrait le danger qu'ils couraient.

Ce vaisseau faisait partie, au mois de décembre 1796, sous les ordres du chef de division Lacrosse, de l'armée navale qui portait des troupes expéditionnaires en Irlande, et dont le commandement supérieur était confié au vice-amiral Morard de Galle. Il était alors armé de 28 canons de 36, de 30 de 24, de 16 de 8 et de 14 caronades de 36, en tout 78 bouches à feu. Son équipage était de 650 hommes, et il portait 580 soldats de la légion des Francs, ainsi que le général de brigade Humbert, son aide-de-camp, le lieutenant Collet, le chef d'escadron Corbineau, plus tard général, et les capitaines Regnier, Le Vallois, Bodin et Bigarré, ce dernier également devenu plus tard général de division. Séparé de l'armée navale lorsqu'elle franchissait le goulet de Brest, le 16 décembre 1796, le vaisseau les *Droits de l'Homme* gagna pourtant le rendez-vous assigné dans la baie de Bantry, où il passa quatre jours au mouillage. Après avoir croisé huit jours en vue du cap Loop, il fit route pour la France, le 7 janvier 1797, ramenant avec lui 50 prisonniers qu'il avait faits sur les côtes d'Irlande. Le projet du commandant Lacrosse était d'atterrir sur Belle-Ile. Le 13, au matin,

le vaisseau était à 75 milles des Penmarks, par
une brume très épaisse et un vent variable du
O.-N.-O au O.-S.-O, soufflant bon frais. Le capitaine Lacrosse ne voulut pas attaquer la terre
par un temps semblable, et il serra le vent, tribord amures. A 1^h de l'après-midi, une voile,
puis bientôt une seconde, furent aperçues au
vent ; le capitaine Lacrosse fit arriver de quatre
quarts et ensuite de deux autres, ce qui mettait
la route à l'E.-S.-E. Deux heures plus tard,
les capitaines Bigarré et Grando, qui étaient
dans la grande hune, signalèrent 4 nouveaux
bâtiments sous le vent ; ils couraient bâbord
amures, et leur route coupait celle du vaisseau
français ; celui-ci avait alors une vitesse de
onze nœuds. A 4^h 15^m, les bras du grand
hunier cassèrent, et presque en même temps
le grand et le petit mât de hune s'abattirent.
Celui des bâtiments aperçus, qui était le plus
rapproché, était le vaisseau rasé anglais *Indefatigable*, capitaine sir Edward Pellew, portant 56 bouches à feu, savoir : 26 canons de
24, 12 de 12 et 18 caronades de 42. A peine
une portée de canon le séparait-il des *Droits
de l'Homme*. Il rentra ses bonnettes, serra ses
perroquets, cargua ses basses voiles et mit en

travers pour prendre des ris, indiquant ainsi qu'il se mettait en mesure de parer à toute éventualité, plutôt qu'il ne cherchait à tirer avantage de l'encombrement occasionné par la chute des mâts du vaisseau français. Le capitaine Lacrosse profita de ce répit pour couper tout ce qui retenait les débris de sa mâture le long du bord. Un quart d'heure après, et avant que l'Anglais eût terminé sa manœuvre, il était débarrassé de ses entraves et continuait sa route, filant encore cinq nœuds sous les deux basses voiles et le perroquet de fougue. Le capitaine Pellew reprit sa poursuite dès qu'il eut terminé son opération, et à $5^h\,15^m$, il envoya une volée dans la hanche de tribord du vaisseau français en venant un peu sur ce bord. Celui-ci imita sa manœuvre, et lui riposta par une bordée de sa batterie haute et de celle des gaillards. Un peu plus appuyé sur cette nouvelle allure, le capitaine Lacrosse voulut faire ouvrir la batterie basse que l'état de la mer obligeait de tenir fermée ; il fallut y renoncer, la mer entrant à pleins sabords. L'*Indefatigable* essaya alors de passer sur l'avant des *Droits de l'Homme ;* mais prompt à prévoir les intentions de son adversaire, le capitaine Lacrosse évita une bordée

3

d'enfilade au moyen d'une légère arrivée. Le capitaine anglais revint de suite au vent, et il reçut de l'arrière la bordée qu'il projetait lui-même d'envoyer. Le combat continua dans diverses positions, et presque vent arrière jusqu'à 6^h 45^m. Un nouvel adversaire, la frégate de 44 canons, *Amazon* (26 de 18, 10 de 9 et 8 caronades), capitaine Robert Reynolds, se présenta et vint prudemment se placer derrière le vaisseau français, qu'elle canonna dans cette position jusqu'à ce que le capitaine Lacrosse eût réussi à mettre ses deux adversaires par son travers. Quoiqu'on ne pût faire usage des canons de la batterie basse, le feu des *Droits de l'Homme* fut si bien nourri, qu'à 7^h 30^m les deux anglais se retirèrent.

Quelque besoin de repos qu'eussent les équipages qui combattaient depuis plus de 2^h, ils durent travailler à réparer les avaries de leurs bâtiments, et ils le firent avec une activité qui témoignait de leur impatience de terminer la lutte. Le feu recommença à 8^h 30^m. Libres de leurs mouvements, l'*Amazon* et l'*Indefatigable* se placèrent de l'avant et de l'arrière des *Droits de l'Homme*, et, passant alternativement d'un bord et de l'autre du vaisseau français, ils lui envoyèrent chaque fois des bordées désastreuses auxquelles il ne pouvait riposter qu'en faisant de grandes embardées. L'étai de son mât d'artimon ayant été coupé, les secousses que ce mât éprouvait dans les moments de tangage firent craindre sa chute prochaine, chute qui, si elle avait eu lieu sur le pont, pouvait avoir les conséquences les plus fâcheuses. Aussi le capitaine Lacrosse n'hésita-t-il pas à en faire le sacrifice ; les haubans de bâbord furent coupés, et ce mât ne tarda pas à s'abattre sur le bord opposé. Le vaisseau rasé et la frégate changèrent de position, et se tinrent par les hanches des *Droits de l'Homme*. Le capitaine Lacrosse, qui n'avait plus de mitraille à leur envoyer, fit charger ses canons à obus. L'ennemi n'osa plus alors combattre de si près. Les deux basses voiles du vaisseau français étaient hachées, et la misaine seule tenait amurée. Le feu continuait cependant avec la même ardeur, bien que trois des pièces des *Droits de l'Homme* eussent été démontées à tribord. Il était 1ʰ du matin, quand le lieutenant de vaisseau Chatelin, officier de manœuvre, reçut dans le bras un biscaïen qui obligea de le descendre au poste ; il fut remplacé par le lieutenant Des-

cormiers, commandant de la première batterie
dont on venait de tenter, mais inutilement, de
faire usage. Une heure plus tard, le capitaine
Lacrosse, alors occupé avec son maître d'équipage Tonnerre à examiner la frégate ennemie,
fut atteint au genou gauche par un boulet mort
qui le renversa sur le pont. Pendant qu'on le
transportait au poste des chirurgiens, il donna
à son équipage l'assurance qu'on n'amènerait
pas. « Non jamais, capitaine ; soyez-en sûr »,
lui fut-il répondu d'un cri unanime. Le capitaine de frégate Prévost de la Croix, qui venait
de le remplacer, lui donna la même assurance.
A 6ʰ 15ᵐ, la terre fut aperçue de l'avant, à petite distance ; le vaisseau les *Droits de l'Homme*
courait perpendiculairement à sa direction sous
les lambeaux de ses basses voiles, dont les
amures et les écoutes étaient coupées depuis
longtemps. La vue de la côte mit fin à la lutte ;
les bâtiments ennemis tinrent le vent. Leur position, en effet, sans être aussi critique que celle
du vaisseau français, n'était pourtant pas sans
dangers, car ils avaient de nombreuses avaries.
Quant à la situation des *Droits de l'Homme*,
elle était désespérée. Ses deux bas mâts, hachés
et transpercés, étaient incapables de tenir au-

cune voile. Le capitaine Lacrosse, qui s'était fait porter sur le pont, fit carguer et ramasser les lambeaux de sa voilure qui existaient encore, car, bien que réduits à une surface très minime, ils ne laissaient pas de beaucoup fatiguer les deux bas mâts par leurs secousses réitérées. Malgré cette précaution, le mât de misaine et le mât de beaupré ne purent supporter l'effort combiné du vent et de la mer ; ils tombèrent tous les deux en même temps. Déjà la route avait été donnée au S.-S.-O., afin d'élonger la terre ; mais entraîné en dérive, le vaisseau se trouva bientôt par douze brasses, et il mouilla sur un grelin une des deux ancres qui lui restaient ; tous les câbles avaient été coupés par les boulets ; l'autre ancre était engagée. Cette ancre ne tint pas ; le vaisseau cula, toucha et vint de suite en travers. Le grelin fut coupé. Évitant alors l'avant à terre, le vaisseau s'enfonça dans le sable. Au second coup de talon, le grand mât s'abattit. Les canons des gaillards et ceux de seconde batterie furent jetés à la mer.

Là ne devaient pas se terminer les fatigues des braves qui, depuis 12ʰ, soutenaient l'honneur du pavillon. Ils allaient avoir désormais

un rude combat à livrer aux éléments. Il était
7^h du matin, le 14 janvier 1797, lorsque le
vaisseau les *Droits de l'Homme* s'était échoué
dans la baie d'Audierne, vis-à-vis Plozévet.
Les embarcations légères furent mises à la
mer ; mais emportées immédiatement, elles al-
lèrent se briser à la plage. Trois heures après
son échouage, le vaisseau, couvert par les
lames qui déferlaient avec violence contre son
arrière, était rempli par la mer, ce qui fit
manquer complètement de vivres et d'eau po-
table. On voulut se servir de radeaux pour
débarquer l'équipage ; ils étaient emportés
aussitôt que jetés à la mer. Le 15, le temps se
calma un peu ; quelques hommes purent atteindre le rivage dans le grand canot. Le lendemain, on parvint à mettre la chaloupe à la
mer à l'aide de deux tronçons de mâts. Cette
pénible opération avait pour but de sauver les
blessés, 2 femmes et 6 enfants faits prisonniers
sur le bâtiment anglais la *Calypso*. Ils furent
embarqués avant que la chaloupe fût entièrement à l'eau. Tout étant disposé, on amena les
caliornes. Au même instant, malgré les prières
des officiers du vaisseau et de la légion des
Francs, 60 à 80 hommes s'élancent dans la

chaloupe, une lame la soulève, la porte avec violence contre le vaisseau, le côté se brise, et à l'exception de quelques hommes, tous ceux qu'elle contient sont engloutis. De ce nombre étaient le lieutenant Chatelin, les enseignes Joubert et Muler, et le maître d'équipage Tonnerre, tous blessés. Quel spectacle ! Et ce n'était pourtant pas le dernier que devait offrir ce long et sinistre drame. Les vents d'Ouest qui ne cessaient de régner depuis le moment où le vaisseau avait échoué, continuèrent pendant toute la journée du 16 et une partie de la nuit; ils rendirent impossible l'envoi de tout secours de terre. Mais fort heureusement, vers la fin de la nuit, ils passèrent à l'Est, et au point du jour, cinq embarcations arrivèrent d'Audierne sous la conduite d'un officier de l'*Arrogante*, canonnière commandée par l'enseigne de vaisseau Provost ; on y embarqua 100 hommes et le reste des blessés. Dans l'après-midi, le côtre l'*Aiguille*, capitaine Lahalle, accosta les *Droits de l'Homme*, et, avec l'aide des embarcations, il put mettre à terre, avant la nuit, 250 hommes de l'équipage. C'était à qui se précipiterait dans ces embarcations pour se soustraire aux horreurs d'une mort que la faim et la soif rendaient inévitable. Quand le côtre et le bateau pêcheur s'éloignèrent, à 4ʰ de l'après-midi, il restait encore à bord avec le capitaine Lacrosse, son second le capitaine Prévost de la Croix, l'enseigne de vaisseau Héloin, le capitaine d'artillerie Bourlot et 400 hommes exténués, comme eux, de fatigue et de besoin. On avait bien envoyé de terre 20 bouteilles d'eau. Ce secours avait rendu la vie à quelques individus près de succomber. Mais qu'était-ce pour tant d'hommes? Comme ils étaient mouillés, et que la nuit devint très froide, la fièvre et le délire s'emparèrent d'un grand nombre d'entre eux et 60 expirèrent dans les plus atroces convulsions.

Des 1280 hommes qu'il y avait à bord, y compris 50 prisonniers, 103 avaient été tués dans le combat. Au moment de l'échouage, il en restait conséquemment 1177, dont 157 blessés. Sur ces 1177, 960 purent être sauvés, d'où il suit que 217 périrent dans le naufrage.

Les prisonniers anglais avaient concouru à sauver l'équipage et les troupes expéditionnaires. Le Directoire, sur le compte que le ministre de la marine rendit de leur conduite,

décida, le 26 janvier 1797, qu'ils seraient immédiatement reconduits en Angleterre sur un
bâtiment parlementaire, et le 30 du même mois,
il indemnisa deux de leurs officiers de la perte
de leurs effets.

Vinrent ensuite les justes récompenses décernées aux officiers des *Droits de l'Homme.*
Ceux qui survivaient obtinrent de l'avancement
à compter du jour du combat. Le capitaine de
frégate Prévost de la Croix fut promu capitaine de vaisseau ; le lieutenant de vaisseau
Descormiers fut fait capitaine de frégate ; les
enseignes Delcambre, Héloin et Panisson obtinrent le grade de lieutenant de vaisseau ; l'enseigne non entretenu Léonec fut fait entretenu,
et l'aspirant Bastate, enseigne.

Traduit devant un conseil martial pour
rendre compte de sa conduite pendant le combat et le naufrage, le capitaine Lacrosse fut
acquitté, à l'unanimité, le 13 février 1797, et
promu contre-amiral le 20 mai suivant.

L'*Indefatigable* avait été assez heureux pour
se relever de la côte ; mais l'*Amazon* avait eu
le même sort que le vaisseau français ; elle
s'était échouée une demi-heure avant les *Droits
de l'Homme,* démâtée de son petit mât de hune

3.

et le côté criblé ; mais elle n'avait perdu que 6 hommes.

Sur la côte de Plozévet on peut voir une de ces pierres druidiques nommées *Menhir*, si communes encore dans l'ancienne Basse-Bretagne. Sur une de ses faces on lit l'inscription suivante : « Autour de cette pierre sont inhumés environ 600 naufragés du vaisseau les *Droits de l'Homme*, brisé par la tempête, le 14 janvier 1797. Le major Pipon, de Jersey, miraculeusement échappé à ce désastre, est revenu sur cette plage en 1840, et, dûment autorisé, a fait graver sur cette pierre ce durable témoignage de sa reconnaissance :

« A DEO VITA

» SPES IN DEO. »

Le major Pipon, alors lieutenant, était un des prisonniers des *Droits de l'Homme*.

En faisant récemment hommage à la ville de Brest de plusieurs armes d'honneur offertes, en diverses circonstances, à feu M. le baron Lacrosse, sénateur, sa veuve y a joint une glorieuse épave du vaisseau les *Droits de l'Homme* consistant en un fragment du tableau de ce vaisseau contenant une partie de l'inscription qu'il renfermait.

NAUFRAGE

DE LA

CORVETTE LA *BRULE-GUEULE*

Après une laborieuse et honorable croisière de 4 ans dans les mers de l'Inde, la corvette la *Brûle-Gueule*, partie de Brest le 11 germinal an III, et de Rochefort, pour sa destination, le 17 messidor suivant, ralliait le port de Brest, sous le commandement du lieutenant de vaisseau Frélant, lorsque parvenue, le 17 nivôse an VIII, devant le Bec du Raz, elle s'y perdit sur une roche et coula presque sur place. L'équipage se composait de 155 officiers et matelots; 32 seulement purent être sauvés par un navire qui traversait ces parages. Des 70 déportés et passagers qu'il y avait à bord, 56 périrent. Au nombre de ces derniers était M. Kérivel, notaire de l'Ile-de-France, lequel après avoir longtemps habité cette colonie en ramenait ses deux fils, âgés, l'un de 8 ans, l'autre de 6, pour leur faire donner dans la mère-patrie une éducation convenable. Au moment où le danger devint le plus imminent, le malheureux père supplia, par un sabord, cinq personnes qui étaient dans une embarcation à la remorque de la corvette : « Sauvez-les, sauvez-les, s'écriait-il, c'est tout ce que je demande ! » Au même instant, l'amarre qui retient le canot se rompt et tout espoir de salut est enlevé aux trois infortunés. La corvette s'enfonce dans l'abîme engloutissant avec elle le père et les enfants qui se tiennent étroitement embrassés.

PERTE DU VAISSEAU LE *GOLYMIN*

———

Ce vaisseau périt le 23 mars 1814 sur la basse Gondran, au milieu du goulet de Brest ; voici dans quelles circonstances. Les frégates la *Pallas* et la *Circé* revenaient de croisière ; le sémaphore les signalait et annonçait en même temps que les bâtiments anglais leur donnaient la chasse. Le contre-amiral Hamelin, qui commandait la division navale alors mouillée sur la rade, pensa qu'il importait de faire sortir quelques bâtiments pour protéger la rentrée des frégates. Il donna d'abord l'ordre de sortir au vaisseau le *Nestor*, commandé par M. Lucas, lequel lui fit observer que son vaisseau ne manœuvrait pas bien, et que le vent très faible et la marée descendante pouvant le contrarier, il ne se voyait pas assez sûr de se tirer convenablement d'affaire. M. Leduc, qui commandait le *Golymin*, dont plusieurs exercices en rade

avaient démontré les bonnes qualités, accepta
la mission ; il mit sous voiles et se dirigea vers
le goulet à l'entrée duquel il se trouva vers sept
heures. Il fallait louvoyer pour doubler les
roches. Le *Golymin* courut trois bordées sans
accident, mais ensuite le courant le porta sur
l'écueil ; il s'ouvrit, chavira et s'engloutit. L'é-
quipage fut sauvé par les canots de la rade qui
s'étaient hâtés d'aller porter secours au *Go-*
lymin, mais n'avaient rien pu pour son salut.
« Je vois encore — dit un témoin oculaire —
M. Jal, alors aspirant sur le *Tourville ;* — je
vois encore tourner le vaisseau pour se coucher
sur bâbord ; je vois le vaste trou qu'il se
creusa comme un tombeau qui allait se refermer aussitôt sur lui ; je vois le remous qui
bruissait au-dessus de ce cadavre gigantesque
et la lame profonde qui soulevait et agitait toutes
les embarcations ; je me rappelle un officier
debout sur le côté du bâtiment déjà fortement
penché, tenant entre ses bras l'argent qui devait
solder la compagnie dont il était capitaine, et
laissant périr tout ce qui lui appartenait en
propre pour sauver la paie de ses matelots... »
Les frégates rentrèrent tranquillement.....

(A. Jal, *Scènes de la vie maritime*, t. I, p. 163.)

NAUFRAGE DE LA FRÉGATE LA *MÉDUSE*

Le Sénégal ayant été restitué à la France par les traités de 1815, une expédition fut organisée l'année suivante pour en reprendre possession. Elle se composait de 4 bâtiments : la frégate la *Méduse*, la corvette l'*Echo*, la flûte la *Loire*, et le brig l'*Argus*, portant, indépendamment des équipages et des soldats envoyés dans la colonie, 365 passagers, dont 30 étaient spécialement chargés de rechercher au cap Vert ou dans les environs, un lieu propre à l'établissement d'une colonie. Le commandement supérieur de la division fut confié à M. Hugues Duroys de Chaumareys, capitaine de la *Méduse*. C'est à l'inexpérience et à l'impéritie de cet officier supérieur, qui avait passé en Angleterre tout le temps de l'émigration et avait échappé, comme par miracle, au désastre de Quiberon, qu'on doit attribuer tous les malheurs de l'expédition.

L'expédition partit de la rade de l'île d'Aix, le 17 juin 1816, à 7^h du matin. Le 21 ou le 22, on doubla le cap Finistère, et peu après (triste présage!) un mousse de la *Méduse*, âgé de 15 ans, tomba à la mer et se noya, malgré les efforts que l'on fit pour le sauver. Le 28, la *Méduse*, qui marchait mieux que ses conserves, aperçut Madère et Porto-Santo. Le 1er juillet, elle reconnut le cap Bojador ; et presque aussitôt, pendant que l'équipage s'amusait aux burlesques cérémonies du baptême marin et à la distribution des dragées du bonhomme tropique, la frégate courait à sa perte, entraînée par les courants qui, quelques heures plus tôt, auraient pu facilement être évités. La gaîté la plus folâtre fit bientôt place au sérieux qu'accompagne la possibilité de grands dangers. Divers indices avaient annoncé qu'on naviguait sur de hauts fonds ; on n'avançait plus que la sonde à la main. L'inquiétude redoubla lorsqu'on sut que la sonde ne donnait plus que 18 brasses de profondeur ; on amena de suite les voiles : la sonde fut lancée de nouveau et

ne donna plus que 6 brasses. L'effroi s'empare
alors de toutes les âmes. Le capitaine ordonne,
en toute hâte, de serrer le vent au plus près ; il
n'est plus temps. La frégate, en loffant, donne
presque aussitôt un coup de talon ; elle court
encore un moment, en donne un second, enfin
un troisième, et s'arrête. La sonde n'accusait
plus que 5 mètres 5 centimètres d'eau. C'était
l'instant de la pleine mer, et l'on était sur le
banc d'Arguin, par 19° 53' 42'' de latitude et
19° 20' 35'' de longitude. Consternés, tous ceux
qui étaient à bord, restèrent quelques moments
immobiles et pétrifiés, tels que l'antiquité nous
dépeint ceux qu'avait terrifiés l'aspect soudain
de la terrible Gorgone, dont le vaisseau qu'ils
montaient portait le nom. A ce calme de la
terreur succédèrent les reproches, les dissensions, puis le désespoir. On ne put s'accorder
sur les mesures à prendre dans un si grand
danger. Pendant trois jours, on fit de vains
efforts pour remettre la frégate à flot. Enfin,
le 5 au matin, l'eau ayant envahi la cale, et les
pompes ne pouvant plus franchir, l'évacuation
la plus prompte fut décidée. Mais, comme les
embarcations du bord ne suffisaient pas au
transport de plus de 400 personnes, on cons-

truisit un grand radeau de 20ᵐ de longueur sur 7ᵐ de largeur, avec les mâts, les vergues, etc., de la frégate. On retira des soutes du biscuit, du vin et de l'eau-de-vie que l'on déposa dans les diverses embarcations. Mais l'étourderie et la confusion présidèrent à ces distributions. Le radeau seul eut du vin en assez grande quantité, mais pas une miette de biscuit.

Le grand canot reçut 35 personnes, parmi lesquelles se trouvaient le colonel Schmalz, gouverneur du Sénégal, et toute sa famille. Le canot major se chargea de 42 personnes, celui du commandant de 28. Sur la chaloupe, bien qu'elle fût en mauvais état, s'embarquèrent les hommes de l'équipage, au nombre de 88. Un canot de 8 avirons, dit du Sénégal, parce qu'il était destiné à rester dans le pays, fut monté par 25 personnes ; enfin on en mit 15 autres dans une yole. Parmi elles se trouvait, avec toute sa famille, M. Picard, qui avait été longtemps secrétaire de l'administration de la colonie. Le grand radeau se trouva chargé de 152 personnes ; 17 ne voulurent pas s'embarquer et restèrent sur la frégate quoiqu'elle fût dépourvue de mâts et abattue sur la hanche de bâbord. On partit. Le radeau, commandé par l'élève de première classe Coudin, était remorqué par trois canots, le grand, le major et celui du Sénégal ; mais deux de ces embarcations larguèrent successivement les amarres qui les tenaient au canot major, et s'en séparèrent. Le radeau ne se trouvait donc plus remorqué que par ce dernier ; l'amarre cassa ou, d'après les historiens du naufrage, elle fut coupée par l'ordre de ceux qui conduisaient le canot, et qui voyaient avec peine qu'il les entraînait trop en dérive. Ainsi 150 hommes furent abandonnés au milieu de l'Océan sans espoir de secours. Deux des embarcations gagnèrent le Sénégal sans accident ; ce furent celles que montaient le gouverneur et le commandant de la *Méduse*. Elles accostèrent le 9, vers 10ʰ du soir, la corvette l'*Echo*, mouillée depuis plusieurs jours sur la rade de Saint-Louis. Un conseil fut tenu sur-le-champ, et l'on y arrêta les mesures propres à porter secours aux naufragés qui n'avaient pas rallié.

Le 6 juillet, la chaloupe, qui n'avait pu marcher aussi vite que les canots du gouverneur et du commandant, s'était trouvée si près de la côte, qu'une partie des hommes qui la montaient manifestèrent le désir de débar-

quer plutôt que de continuer une si dangereuse
navigation. On mit donc à terre 63 des plus
décidés, auxquels on donna des armes et le
plus de biscuit que l'on put. Leur débarquement eut lieu dans le nord du cap Mirick, à
90 lieues de l'île Saint-Louis. La chaloupe
prit ensuite le large, et, une heure après, elle
rejoignit les autres embarcations ; mais le 8,
l'équipage, tourmenté par la soif, se décida à
faire côte et à débarquer. Le canot major et
celui du Sénégal avaient été aussi forcés de
prendre ce parti, et ils furent imités par un
autre canot qui avait suivi de près la chaloupe,
et par la yole dans laquelle se trouvait M. Picard. On était alors à 40 lieues de l'île Saint-
Louis. Tous ceux qui faisaient partie de ces
diverses embarcations formèrent une petite caravane qui se mit en route pour le Sénégal.
En traversant le désert, ils eurent beaucoup à
souffrir de la fatigue, de la chaleur, de la di-
sette des vivres, de la rapacité et de la perfidie
des Maures. Il est probable qu'ils auraient
succombé à tous ces maux s'ils n'avaient été
aperçus par l'*Argus*, qui leur envoya des secours de tout genre. Ils furent ensuite joints
par des Anglais qui leur envoyaient des cha-

meaux, des vivres et tout ce qui était nécessaire pour qu'ils pussent continuer leur route.
Le 12, à 7ʰ du soir, ils arrivèrent à Saint-
Louis, sans nouvel accident et sans avoir perdu
un des leurs.

Mais il est temps de revenir aux malheureux
abandonnés sur le radeau. Lorsqu'ils eurent
perdu de vue la dernière embarcation, ils
furent frappés de stupeur, et leur désespoir
s'exhala en violentes imprécations contre ceux
qui les avaient si cruellement délaissés. Toutefois, on ne tarda pas à reconnaître que le calme
et la subordination étaient nécessaires au salut
commun. Un ordre fut établi pour la distribution du peu de vivres qui restaient ; le biscuit
disparut en un jour. L'espoir que les embarcations viendraient à leur secours soutenait seul
le courage des infortunés que la mort menaçait
à chaque instant. Pendant la nuit qui suivit
leur abandon, ballotés par les flots, ils s'entrechoquaient et tombaient dans les intervalles des
pièces mal jointes qui composaient le radeau.
Plusieurs périrent brisés ou mutilés ; d'autres
furent lancés à la mer par la violence des secousses ; d'autres s'y précipitèrent volontairement pour mettre un terme à leurs souffrances.

Le lendemain , à l'heure de la distribution, il manquait déjà 20 hommes. La nuit suivante fut encore plus affreuse que la précédente. Le vent souffla avec une violence extrême ; des montagnes d'eau couvraient à chaque instant les malheureux naufragés et se brisaient sur eux avec fureur. Ils furent obligés de se serrer au centre, partie la plus solide du radeau ; ceux qui ne purent se grouper dans ce poste périrent presque tous. Sur l'avant et sur l'arrière, les lames déferlaient avec tant d'impétuosité, qu'elles entraînaient les plus vigoureux. On se pressait si fortement au milieu que plusieurs furent étouffés. Les soldats et les matelots, fermement persuadés qu'ils allaient être engloutis, résolurent d'adoucir leurs derniers moments en buvant jusqu'à perdre la raison. Ils percèrent un tonneau de vin, sans que les officiers, qui partageaient leur découragement, pussent les en empêcher, et ils ne cessèrent que quand l'eau de la mer eut pénétré par le trou qu'ils avaient pratiqué. Les fumées du vin ne tardèrent pas à porter le désordre dans des cerveaux déjà affaiblis par la fatigue, la perspective de la mort et le défaut d'aliments. Sourds à la voix de la raison, ils formèrent l'horrible projet de détruire le radeau en coupant les amarrages, et de s'engloutir ainsi avec leurs compagnons d'infortune. Ils manisfestèrent hautement l'intention de se défaire d'abord des chefs qui pouvaient s'opposer à leurs desseins. Les sabres furent tirés, et ces frénétiques, se chargeant avec furie, ajoutèrent de leurs propres mains aux causes de destruction qui les environnaient de toutes parts. Le sang coulait. Dans cet étroit espace étaient des hommes, rebut de la société, déjà flétris par elle et marqués du fer réprobateur. A la vue du sang, leurs instincts féroces se réveillent ; ils fondent sur les officiers et les passagers qui, connaissant leurs desseins, s'étaient retirés à l'une des extrémités du radeau. Mieux armés, ceux-ci, qui avaient d'ailleurs conservé leur sang-froid et que l'intempérance n'avait pas énervés, repoussèrent les assaillants, jonchèrent le radeau de cadavres et les précipitèrent à la mer. Mais la faim et la pénurie de provisions suscitèrent entre les survivants de continuelles dissensions. L'exaspération et la fureur causées par leurs souffrances anéantirent en eux tout sentiment d'humanité. La plume se refuse à tracer les dégoûtantes horreurs qui suivirent. Ces malheureux, exténués par un long jeûne, auxquelles les vagues jaillissant sur leurs blessures ou leur corps dénudé, faisaient, à tout moment, pousser des cris lamentables, en vinrent, pour prolonger de quelques heures une si misérable existence, jusqu'à se nourrir de la chair de leurs victimes, et à boire l'urine les uns des autres pour offrir à leur soif ardente un soulagement trompeur. Deux d'entre eux, qui furent pris buvant furtivement, à l'aide d'un chalumeau, à la seule barrique qui restait, furent jetés à la mer. Un jeune élève, que son intéressante figure, sa voix douce et pénétrante, son caractère enjoué et son courage faisaient aimer de tous, s'éteignit comme une lampe qui cesse de brûler faute d'aliments. Le nombre de ceux qui étaient sur le radeau se trouvait ainsi réduit à 27. « Mais, dit un des acteurs de cet horrible drame (M. Corréard), 15 sur les 27 paraissaient devoir exister quelques jours ; tous les autres, couverts de plaies, avaient presque entièrement perdu la raison. Cependant, ils avaient part aux distributions, et pouvaient avant leur mort consommer, disions-nous, 30 à 40 bouteilles de vin qui nous étaient d'un prix inestimable. On délibéra... » Le résultat de cette exécrable délibération fut que les 15 plus forts jetteraient les 12 plus faibles à la mer, ce qui fut exécuté ; et dans le nombre des victimes se trouvait avec son mari, une femme, une cantinière, « qui, ajoute M. Corréard, s'était associée pendant 20 ans aux glorieuses fatigues de nos armées ; pendant 20 ans, elle avait porté aux braves, sur le champ de bataille, ou de nécessaires secours, ou de douces consolations. » Six jours après, les 15 hommes encore vivants furent recueillis par l'*Argus*, envoyé à la recherche du radeau. Ils étaient près d'expirer et ressemblaient moins à des hommes qu'à des cadavres. Ils furent ramenés à Saint-Louis, où, malgré les soins qui leur furent prodigués, 5 d'entre eux succombèrent peu après leur arrivée. Ainsi, de 152 individus qui avaient pris place sur ce fatal radeau, 10 seulement survécurent pour apprendre, par leurs récits, ce que l'homme peut accumuler de souffrances et de crimes dans un espace de 13 jours.

La nature fait souvent trouver un soulagement, et même une compensation à l'excès du mal. Ainsi, plusieurs de ces infortunés, en perdant la raison, perdirent le sentiment de leurs

4

peines, et devinrent insensibles à l'horreur de leur situation. Quelques-uns même éprouvaient momentanément, par suite d'un état particulier aux marins qui voyagent sous des latitudes très élevées, des jouissances qui leur étaient ravies dès que le retour de leurs facultés leur rendait la connaissance d'eux-mêmes et de leur déplorable destinée. C'est pendant la nuit que cette espèce de fièvre, nommée *calenture*, s'empare de celui que, sur mer, une température brûlante et de longues fatigues ont ·prédisposé à son invasion. Il s'éveille entièrement privé de raison ; son regard étincelle ; il s'échappe de son lit, court sur les ponts et les gaillards, et croit voir, au milieu des flots, des arbres, des forêts, des prairies émaillées de fleurs. Cette illusion le réjouit ; sa joie se traduit par mille exclamations ; il témoigne le plus ardent désir de se jeter à la mer, et si on le laissait faire, il s'y précipiterait, croyant descendre dans un pré. Plusieurs des naufragés, en proie à ces hallucinations, se croyaient encore sur la *Méduse* voguant paisiblement ; d'autres voyaient des navires et les appelaient à leur secours. M. Corréard croyait parcourir les belles campagnes d'Italie. Quelquefois aussi ces douces illusions étaient produites par des rêves qu'on aurait pu appeler bienfaisants s'ils n'avaient pas rendu le réveil plus affreux. « Vers le matin, dit M. Bredif, qui était sur la chaloupe, la lune étant couchée, excédé de besoin, de fatigue et de sommeil, je cède à mon accablement, et je m'endors malgré les vagues prêtes à nous engloutir. Les Alpes et leurs sites pittoresques se présentent à ma pensée ; je jouis de la fraîcheur de l'ombrage ; je renouvelle les moments délicieux que j'y ai passés ; le souvenir de ma bonne sœur fuyant avec moi, dans les bois de Kaiserslautern, les Cosaques qui s'étaient emparés de l'établissement des mines, est présent à mon esprit. Ma tête était penchée au-dessus de la mer ; le bruit des flots qui se brisent contre notre frêle barque produit sur mes sens l'effet d'un torrent qui se précipite du haut des montagnes ; je crois m'y plonger tout entier. Tout à coup je me réveillai ; ma tête se releva douloureusement ; je décolle mes lèvres ulcérées, et ma langue desséchée n'y trouve qu'une croûte amère de sel, au lieu d'un peu de cette eau que j'avais vue dans mon rêve. Le moment fut affreux, et mon désespoir extrême. »

On était allé, en toute hâte, à la recherche des canots et du radeau qui n'étaient point arrivés à Saint-Louis lorsque le gouverneur et le commandant y parvinrent ; on fut moins empressé à envoyer vers la *Méduse*, où l'on disait cependant qu'une somme de 100,000 francs, — on ne put jamais la retrouver, — avait été embarquée pour les besoins de la colonie, ainsi qu'un grand nombre d'approvisionnements, et où étaient enfin restés 17 des malheureux naufragés. Cette dernière considération devait sans doute déterminer le prompt envoi d'un bâtiment sur ce point ; mais on avait, avec raison, pensé que si ces 17 hommes, restés volontairement sur la frégate, n'étaient pas engloutis par les flots, ils trouveraient à bord des vivres en quantité suffisante pour prolonger leur existence bien plus longtemps que ceux des canots et du radeau. Enfin, le 26 juillet, on expédia une goëlette ; mais, battue par des vents contraires, elle fut obligée de rentrer au port. A sa seconde sortie, elle essuya, au large, un assez fort coup de vent qui lui causa des avaries, et après 15 jours d'une navigation infructueuse, elle dut encore rentrer. Plus heureuse à sa troisième sortie, elle atteignit la *Méduse*

52 jours après son abandon. Les 17 hommes qu'on y avait laissés avaient rassemblé tous les moyens de subsistance qu'ils y avaient trouvés. Tant que les vivres avaient duré, ils avaient vécu en paix ; mais 42 jours s'étaient écoulés sans qu'ils eussent vu paraître les secours qu'on leur avait promis. Alors 12 des plus impatients et des plus intrépides, se voyant menacés de manquer de tout, résolurent de gagner la terre. Ils construisirent un radeau avec des pièces de bois qui étaient sur la frégate ; mais ils furent victimes de leur témérité, et les restes de leur radeau, trouvés sur la côte du Sahara par les Maures, sujets du roi de Zaïde, ne laissèrent aucun doute sur leur sort. Un matelot, qui avait refusé de les accompagner, voulut aussi, à quelques jours de là, gagner la terre ; il se mit dans une cage à poules, et fut submergé à une demi-encâblure de la frégate. Au reste, si ces malheureux n'avaient point péri dans les flots, il est presque certain qu'eux et leurs compagnons auraient tous succombé aux horribles tortures de la faim. Les 4 qui restaient se décidèrent à mourir à bord plutôt que d'affronter des dangers dont il leur semblait impossible de triompher. Un d'eux venait de périr

4.

de besoin quand la goëlette arriva; son corps avait été jeté à la mer. Les 3 autres étaient si affaiblis que, 2 jours plus tard, on n'aurait trouvé que leurs cadavres. Ils occupaient chacun un endroit séparé, et n'en sortaient que pour aller chercher des vivres qui, dans les derniers jours, ne consistaient qu'en un peu d'eau-de-vie, de suif et de lard salé. Quand ils se rencontraient, ils couraient les uns sur les autres et se menaçaient de coups de couteau, comme des bêtes féroces se disputant la proie qui doit les faire vivre. Tant que le vin et les autres provisions avaient duré, ils s'étaient parfaitement soutenus; mais dès qu'ils avaient été réduits à l'eau-de-vie pour unique boisson, ils s'étaient graduellement affaiblis. Ils se trouvèrent enfin réunis aux malheureux échappés aux mêmes désastres.

En effet, ceux qu'on avait débarqués, le 6 juillet, sur la côte du Sahara, étaient parvenus aussi, après mille dangers, au chef-lieu de la colonie, le 23 juillet, 3 jours par conséquent avant le premier départ de la goëlette envoyée au secours de la frégate. Il nous reste à faire le récit de leur voyage. 63 hommes, on doit se le rappeler, avaient pris terre à environ 8 lieues au nord des Mottes-d'Angel. Après avoir déféré le commandement de la caravane à l'adjudant sous-officier Petit, jeune homme de 28 ans, ferme et intelligent, on fit l'appel pour le départ; 57 hommes y répondirent. Les 6 autres, ou s'étaient imprudemment écartés de la troupe, et avaient été enlevés par les Maures, ou s'étaient livrés à eux dans l'espoir d'en obtenir les moyens d'assouvir la faim et la soif qui les tourmentaient. De ce nombre était un Saxon, nommé Kummer, qui se sépara volontairement de la caravane et se dirigea vers l'Est.

Suivons à travers le désert les 57 autres naufragés, au nombre desquels était la femme d'un caporal. Ils se mirent en marche, sous un soleil brûlant, et ne trouvèrent ni abri pour se reposer, ni source pour se désaltérer. Le soir, ils atteignirent les trois collines de sables situées sur le bord de la mer, et appelées les *Mottes-d'Angel*. Dans quelques cabanes inhabitées de pêcheurs, ils trouvèrent de nombreux débris de sauterelles, restes vraisemblablement de leur repas. Le 7, vers 2ʰ du matin, la caravane se remit en route, toujours tourmentée par la soif et la faim. Les uns essayèrent de boire de l'eau de mer, mais elle leur causa

d'horribles coliques et de violents vomisse-
ments ; d'autres se résignèrent à boire de l'u-
rine ; d'autres enfin eurent l'idée de creuser de
petits puits au bord de la mer, et ils y trouvèrent une eau bourbeuse, mais moins malfai-
sante que les boissons dont leurs compagnons
avaient fait usage. La nuit ayant rafraîchi l'atmosphère, toute la caravane, abritée derrière
une dune, s'endormit, mais d'un sommeil agité
par des cauchemars. A leur réveil, le soleil, encore plus ardent que le jour précédent, ajouta
à leurs souffrances. La plupart souhaitaient
que les Maures vinssent les réduire en escla-
vage en échange d'un peu d'eau et de nourriture. Pendant toute la journée, on ne trouva à
manger que des crabes ; mais leur chair, quand
elle est crue, occasionne de tels dérangements,
que peu osèrent employer cette ressource. La
nuit se passa comme la précédente, plus agitée
même, car on entendit siffler beaucoup de ser-
pents. Le lendemain 9, à 2^h du matin, on se
remit en route. Cette journée, la quatrième
passée dans le désert, fut une des plus cruelles ;
tous étaient à bout de forces. La femme du caporal, exténuée de fatigue, se laissa tomber à
terre, et refusa d'aller plus avant. Son mari,

voulant la contraindre par la peur, tira son
sabre. « Frappe, dit-elle, que je cesse de souffrir ! » Il resta près d'elle, la traîna vers un
marigot d'eau salée, et eut la douleur de la
voir expirer. Toute la caravane passa dans ce
lieu une nuit troublée par les sifflements des
reptiles et les rugissements des lions. Le 10,
lorsqu'on donna le signal du départ, la moitié
de la troupe ne put se relever ; ce n'était d'a-
bord qu'un engourdissement dans les jambes ;
des douleurs aigües survinrent. Quelques-uns,
dans leur abattement, demandèrent, comme
grâce, d'être fusillés ; ranimés toutefois par le
soleil levant, ils recouvrèrent l'usage de leurs
membres, et se traînèrent à la suite de leurs
camarades. La nuit suivante, presque tous
furent pris de délire ; leur langue, par moments, perdait de sa flexibilité ; ils ne s'enten-
daient plus que par signes ; l'excès de la douleur en jetait plusieurs dans une horrible fré-
nésie. Un d'eux, que plusieurs autres imi-
tèrent, alla jusqu'à se déchirer le bout des
doigts et à sucer son propre sang. Ce déplorable expédient n'empêcha pas quelques-uns
de succomber dans la nuit suivante.

Le 11, vers 2ʰ du matin, Petit venait de se

mettre en route avec l'avant-garde, lorsqu'il
découvrit des cabanes d'où s'élancèrent aussitôt une quarantaine de Maures, armés de
poignards, de sabres et de sagaïes, et poussant
de grands cris. Ils s'emparèrent de la faible
avant-garde; Petit eut seul l'adresse de rejoindre le reste de la caravane. Il annonça l'arrivée des barbares. A cette nouvelle, la troupe,
qui avait rassemblé toutes ses forces pour continuer le voyage, fut frappée de stupeur. Résister ou fuir était également impossible. Au
milieu de la consternation générale, une voix
s'écrie : « Eh bien, les Maures nous donneront
à boire ! » et, en même temps, tous marchent
au-devant de cette bande qui, un moment auparavant, inspirait tant d'effroi ; elle accourait
comme une meute à la curée. En un clin-d'œil,
les naufragés furent mis complètement nus.
Ils se prêtaient eux-mêmes à cette honteuse
spoliation, craignant que la moindre résistance,
le moindre mot, le moindre geste de regret n'ir-
ritât les brigands auxquels ils demandaient, en
suppliant, un peu d'eau et de mil. Enfin, les
captifs furent conduits à un marigot caché
dans un fond. L'eau en était amère et couverte
de mousse; cependant, ces infortunés ne pou-

vaient se rassasier de cette espèce de bourbe, que leur estomac affaibli rejetait aussitôt qu'ils la buvaient. On les mena ensuite vers les cabanes; le chef des Maures demanda le commandant; on lui montra l'adjudant Petit. Il lui prit la main et le fit asseoir à ses côtés, tandis que les femmes partageaient le butin ; ensuite, toute la horde des guerriers, les femmes, les enfants commencèrent les danses mêlées de cris et de contorsions, par lesquels ils témoignent ordinairement leur allégresse.

Le chef des Maures voulut savoir quel était le pays des naufragés, d'où ils venaient, où ils allaient, comment ils étaient parvenus à la côte, ce que contenait leur vaisseau, et ce qu'il était devenu. Satisfait sur tous ces points, il consentit à conduire les naufragés au gouverneur du Sénégal, à condition qu'on lui donnerait des toiles de Guinée, de la poudre, des fusils, du tabac. Il leur fit distribuer un peu de poisson, et donna le signal du départ.

Le 12, après quelques heures de marche, on rencontra une seconde bande de Maures, beaucoup plus nombreuse que celle qui conduisait les naufragés. Celle-ci voulut résister, mais elle fut vaincue, et son chef renvoyé avec la barbe et les cheveux rasés.

Hamet était le nom du vainqueur. « Je suis,
dit-il en mauvais anglais, le prince des Maures
pêcheurs, et votre maître ; vous allez être conduits à mon camp. » On y arriva vers le soir,
mais on n'y trouva, au milieu de quelques ché-
tives cabanes, que des femmes et des enfants
laissés à la garde des troupeaux ; on n'eut pour
boisson que de l'eau bourbeuse et amère, et
pour nourriture que des crabes crus et des racines filandreuses. On força ensuite les captifs
à arracher des racines, à charger et à décharger
les chameaux, à panser les bestiaux. Lorsque
le sommeil, plus fort que toutes les douleurs,
venait fermer leurs paupières, les femmes et les
enfants s'amusaient à les pincer jusqu'au sang,
à leur arracher les cheveux et les poils de la
barbe, à jeter du sable sur leurs plaies ; ils se
délectaient surtout à entendre leurs cris et leurs
gémissements.

Le prince Hamet revint, le 16, distribuer
aux naufragés dix gros poissons avec à peu près
deux verres d'eau, puis il demanda ce qu'ils
lui donneraient pour les conduire au Sénégal.
On le pria de dire lui-même ce qu'il désirait ;
on lui promit plus qu'il ne demandait ; et, sur-
le-champ, on se mit en route, lui enchanté de

sa bonne fortune, les captifs satisfaits de quitter cet odieux séjour.

Le 17, au lever du soleil, les captifs aperçoivent un navire qui s'avance rapidement ; ils reconnaissent le pavillon français ; leurs cœurs palpitent de désir et d'espérance, lorsque tout à coup ils le voient changeant de route, s'éloigner et disparaître. C'était l'*Argus* qui cherchait les naufragés pour les ramener au Sénégal ; il n'avait pas vu les signaux qu'on lui faisait du rivage. Ce fut un bonheur pour les malheureux abandonnés sur le radeau ; car l'*Argus*, ayant continué sa route, les rencontra par hasard, ce jour-là même, et presque au moment où ils allaient expirer.

La caravane se remit en route. Le 18 et le 19, on fut réduit à boire de l'urine de chameau mêlée à un peu de lait, boisson qui fut trouvée préférable aux eaux du désert. Enfin, le 19, on rencontra un marabout qui annonça l'arrivée prochaine d'un envoyé de la colonie. M. Karnet, en habit de Maure, monté sur un chameau, parut bientôt accompagné de quatre autres marabouts. Ce philantrope irlandais venait à travers de grands périls, apporter aux naufragés des vivres qu'il leur distribua en arrivant. Per-

5

sonne n'ayant la patience de laisser cuire le riz,
on l'avala tout cru, et aux tourments de la faim
succédèrent de dangereuses indigestions qui
n'empêchèrent pourtant pas d'acheter un bœuf
que l'on fit cuire à la manière des Maures,
c'est-à-dire dans un trou que l'on creusa et où
l'animal, couvert de sable, fut placé entre deux
feux. M. Petit et quelques soldats contenaient
les plus affamés, qui voulaient déterrer le bœuf
et le dévorer sans plus attendre. Enfin, on le
partagea. Cette viande coriace, mangée avide-
ment, produisit de funestes effets. Un italien
s'en gorgea au point de se faire enfler le ventre,
et en mourut le lendemain. D'autres, par suite
de ce changement subit et immodéré de régime,
semblèrent tombés en démence. L'un d'eux
demandait en pleurant qu'on ne l'abandonnât
pas dans le désert, et avait toutes les allures
d'un enfant. M. Karnet le traitait comme tel, et
lui donnait, pour l'apaiser, du sucre et de
petits pains américains.

Le même jour, l'*Argus* reparut à une lieue
environ. Ayant entendu quelques coups de fusil
tirés par M. Karnet, il s'approcha du rivage
autant qu'il put, et envoya à terre une embarcation. Comme elle tentait en vain de franchir

les brisants, M. Karnet, Hamet et son frère les passèrent à la nage, et parvinrent au canot, dans lequel ils entrèrent, et qui les porta au brig. Le capitaine, M. Parnajon, leur remit un baril de biscuit avec quelques bouteilles d'eau-de-vie, et les renvoya dans un autre canot qui ne put pas mieux que le précédent traverser les brisants. Alors ils se mirent à la mer avec leur cargaison et parvinrent à la pousser devant eux jusqu'au rivage. Aussitôt l'adjudant Petit fit une distribution de biscuit et d'eau-de-vie, et chargea le reste sur des chameaux. Ce fut alors que la caravane apprit de l'*Argus* le sort des naufragés du radeau et le chemin qui restait à faire par terre (une vingtaine de lieues) pour atteindre le Sénégal. La caravane y arriva enfin le 23 juillet, à midi. Malgré toutes les souffrances d'un si rude trajet, une femme et cinq hommes seulement avaient succombé. Trois s'étaient écartés dans le désert. Un d'eux, militaire, fut enlevé par les Maures, resta plus d'un mois parmi eux, et fut ensuite ramené à Saint-Louis.

Les deux autres étaient le jeune Kummer et son compagnon Rogery. Kummer, que M. Walckenaer a connu à Paris, précepteur des fils d'un célèbre fournisseur de la marine, était un Saxon, né à Dresde. « Son goût, dit M. Walckenaer, l'entraînait vers l'étude de l'histoire naturelle, et nous n'avons rencontré personne qui montrât pour toutes les parties de cette science, mais surtout pour l'entomologie, de plus grandes dispositions. Il observait et décrivait les plus petits objets avec une patience et une sagacité merveilleuses, et les dessinait avec une exactitude et une habileté qu'on peut peut-être égaler, mais non surpasser (1). Ce goût pour l'histoire naturelle, et les malheurs arrivés à ses protecteurs, le déterminèrent à faire partie de l'expédition que le gouvernement français avait préparée pour le Sénégal. Il se prépara à ce voyage par des études dont nous avons été témoin. Il lut tous les voyages sur la Sénégambie, et dressa, d'après les relations et les matériaux qu'il put se procurer au dépôt de la marine, une carte du Cap Vert où le gou-

(1) Un des plus intéressants élèves de Kummer, qui n'ignorait pas l'utilité dont nous avions été à son maître pour affermir ses premiers pas dans la science, nous a donné un recueil de ses dessins d'araignées ; et quoique nous en possédions plus de quatre cents espèces dessinées sous nos yeux par les plus habiles artistes, ceux que nous avons de Kummer surpassent tous les autres par la fidélité dans les détails et la vérité des couleurs. *(Note de M. Walckenaer.)*

vernement français projetait un établissement.
Enfin il profita des cours publics de Paris,
pour apprendre, autant qu'il put, l'arabe, afin
de se faire comprendre des Maures et des Marabouts. »

M. Walckenaer consacre le reste de sa relation au récit suivant des aventures de Kummer.
Ce furent, sans aucun doute, les connaissances
qu'il avait acquises sur cette partie de l'Afrique
et la certitude de pouvoir se faire comprendre
de ceux qui l'habitaient qui lui donnèrent la har-
diesse nécessaire pour oser quitter la caravane
des 63 débarqués près du cap Mirick et de s'a-
vancer seul dans l'intérieur de l'immense désert.
Il espérait rencontrer des Maures qui lui donneraient des aliments pour satisfaire la faim et la
soif qu'il éprouvait depuis deux jours. Un instant après son départ, un nommé Rogery prit la
même résolution que notre naturaliste et suivit
une route parallèle à celle qu'il parcourait.

Kummer marcha toute la journée sans rencontrer un seul individu. Vers le soir, il aperçut de loin des feux s'élevant sur des hauteurs
qui ordinairement bordent des marigots. Il
tressaillit d'espérance et de joie. Il s'avança
d'un pas ferme et rapide, aborda avec beau-

coup d'assurance les Maures qui étaient sous
leur tente, et leur dit en arabe : « Recevez le
fils de l'infortunée mahométane que je vais
rejoindre dans la Haute-Égypte. Un naufrage
m'a jeté sur vos côtes, et je viens, au nom du
grand prophète, vous demander l'hospitalité et
des secours. » En prononçant le nom du grand
prophète, Kummer se prosterna la face contre
terre, et fit le salut d'usage ; les Maures en
firent autant, et ne doutèrent plus qu'ils n'eussent devant les yeux un sectateur de Mahomet.
Ils l'accueillirent avec empressement, lui présentèrent du lait et du couscous. Cette nourriture lui redonna des forces. Les Maures lui
demandèrent de leur raconter ses aventures et
lui firent promettre de les conduire à la grande
chaloupe qui l'avait amené. Après leur en avoir
fait la promesse, Kummer alla examiner les
tentes et les troupeaux du chef de cette tribu,
qui le conduisait lui-même, et lui vantait ses
richesses et ses dignités : il lui dit qu'il était
le prince Fune Fadhdime Muhammed, fils de
Liralie Zaïde, roi des peuples maures nommés
Trarzas ; que lorsqu'ils seraient de retour des
bords de la mer, il le conduirait devant le roi
son père, et que là il verrait ses nombreux

esclaves et ses immenses troupeaux. En parcourant les différentes positions du camp, le prince Muhammed s'aperçut que Kummer avait une montre; il demanda à la voir, et il fallut bien la montrer sans résistance. Le prince la prit, et après une première inspection, il dit à Kummer qu'il la lui rendrait quand ils seraient arrivés à Andar, — c'est ainsi que les Maures appelaient l'île Saint-Louis. Ils parvinrent ensuite à la tête du troupeau, et notre naturaliste fut témoin des soins extraordinaires que ces peuples donnent à leurs bestiaux. Les chevaux et les chameaux étaient dans un lieu particulier, et tout le reste du troupeau était répandu sur les bords d'un grand marigot salé. Derrière eux, les esclaves avaient formé une ligne de feux très étendue, pour chasser les moustiques et les autres insectes qui tourmentent ces animaux; tous étaient d'une rare beauté. En parcourant avec le chef des Maures les divers quartiers du camp, Kummer ne vit pas sans étonnement la manière dont ils nettoient leurs bestiaux. Le chef donne l'ordre; aussitôt des hommes, commis à cet emploi, prennent des bœufs très forts par les cornes et les renversent sur le sol avec une facilité éton-

nante. Des esclaves désignés se saisissent ensuite de l'animal, lui enlèvent de dessus le
corps tous les insectes qui, malgré les feux
dont sont entourés les troupeaux, parviennent
à se glisser dans les poils des animaux qu'ils
tourmentent. Après cette première opération,
on les lave avec soin, principalement les
vaches, qu'ensuite on se met à traire. Ces
diverses opérations occupent ordinairement les
esclaves, et même les maîtres, jusqu'à 11^h
du soir. Kummer fut ensuite invité à se reposer sous la tente du chef; mais, avant
qu'il pût se livrer au sommeil, il fut assailli
d'une foule de questions sur la Révolution
française, dont la connaissance est parvenue
jusque chez ces peuples. Ils lui demandèrent
aussi pourquoi nos navires ne venaient plus à
Portendic et aux îles d'Arguin ; puis enfin ils
le laissèrent prendre quelque repos. Kummer
redoutait la perfidie de ses hôtes et leur esprit
de rapine ; cependant, accablé par trois jours
de fatigues continuelles, il s'endormit pendant
quelques instants, pendant lesquels les barbares lui enlevèrent sa bourse, qui contenait
encore trente pièces de vingt francs, sa cravate,
son mouchoir, sa redingote, ses souliers, son

gilet, et quelques autres effets qu'il portait dans ses poches; il ne lui resta plus qu'un mauvais pantalon et une veste de chasse : ses souliers lui furent remis.

Le lendemain, au lever du soleil, les Maures firent leur prière; puis, sur les huit heures, leur chef, quatre de ses sujets, Kummer et un esclave partirent pour les bords de la mer, dans l'intention d'y trouver la chaloupe échouée. Ils arrivèrent sur le rivage, où ils trouvèrent peu de chose. Des morceaux de cuivre furent les objets qui fixèrent principalement leur attention. Après s'être emparés de tous ceux dont ils purent se charger, ils reprirent la route de l'Est ; et, au bout de deux heures, ils rencontrèrent d'autres Maures, sujets également du prince Muhammed. Ils s'arrêtèrent et couchèrent sous des tentes. Le chef occupa la plus belle, et ordonna que des rafraîchissements fussent donnés au *toubabe*, c'est-à-dire au blanc. Kummer en avait besoin, car il était exténué. Il lui fut cependant impossible de se livrer au repos; les femmes et les enfants venaient le toucher à tout instant pour s'assurer de la finesse de sa peau, et pour tâcher de lui enlever soit des lambeaux de sa chemise, soit

5.

le peu d'effets qui lui restaient. On lui demanda, pendant la soirée, de nouveaux renseignements sur les guerres terribles que la France a eues à soutenir ; il fallut alors qu'il en retraçât sur-le-champ le récit en caractères arabes. Ce furent cette excessive complaisance et sa prétendue qualité de fils d'une mahométane et d'un chrétien qui lui valurent la bienveillance de tous les Maures qu'il rencontra dans son voyage. A chaque instant, le prince priait Kummer de faire marcher les rouages de sa montre, dont les mouvements étonnaient singulièrement les Maures. Notre voyageur n'était pas moins surpris de voir, au milieu des hordes de ces déserts, des enfants âgés de cinq ou six ans qui écrivaient parfaitement l'arabe.

Le lendemain, 8 juillet, au petit jour, les Maures, placés sur le sommet d'une hauteur, prosternés et la face tournée du côté de l'orient, attendirent en silence le lever du soleil ; et à l'instant même où il parut, ils firent leur salam ou prière. Kummer les imita, et depuis il eut toujours soin de prier en même temps qu'eux. La cérémonie achevée, les Maures continuèrent leur route dans la direction du S.-E., ce qui effraya beaucoup Kummer. Il crut que

définitivement on le conduisait à Maroc ; alors
il fit son possible pour faire part de ses inquié-
tudes au prince Muhammed, qui finit par le
comprendre ; pour plus de sûreté, Kummer
traça sur le sable une partie de la carte d'A-
frique. Notre voyageur entendait toujours prononcer le nom d'Andar, ce qui redoublait ses
alarmes ; mais, par les lignes qu'il traça, il
soupçonna bientôt que, par ce mot, les Maures
voulaient désigner l'île Saint-Louis, et il en fut
convaincu lorsqu'il eut écrit le nom du comp-
toir européen à côté de celui d'Andar. Les
Maures lui témoignèrent qu'il les avait compris, et firent éclater une grande joie de ce
qu'un blanc pût entendre leur langue.

A midi, la troupe s'arrêta sur les bords d'un
marigot. Kummer, extrêmement fatigué, se
coucha sur le sable et s'endormit à l'instant.
Pendant ce temps, Rogery, qui avait été également pris par les Maures, s'arrêtait dans le
même lieu. Il aperçut Kummer immobile et
couché le visage contre terre ; il le crut mort,
et, à cette vue, il trembla de douleur et d'effroi ; mais ensuite, lorsqu'il se fut approché et
qu'il se fut assuré que son ami, son compagnon
de malheur respirait encore, il passa de l'ex-

trême douleur à la joie la plus vive. Il le saisit
et le tint étroitement embrassé. Ces deux infortunés, après avoir goûté le plaisir de se revoir,
se racontèrent réciproquement leurs aventures.
Rogery avait tout perdu ; il ne lui restait plus
que sa chemise, un très mauvais pantalon et un
chapeau. Les femmes maures, et particulièrement les enfants, l'avaient beaucoup tourmenté ; ces derniers le pinçaient continuellement,
et l'avaient empêché de prendre un instant de
repos.

La caravane se remit bientôt en marche, et
reprit la route du S.-E qui conduisait au camp
du roi Zaïde. Le même soir, ils y arrivèrent ;
mais le monarque était absent. Le bruit du
naufrage de la *Méduse* était parvenu dans son
camp, et il s'était rendu sur le rivage pour faire
donner du secours aux naufragés qu'il pourrait
y rencontrer. A son retour, vingt-quatre heures
après, il accueillit les deux blancs avec bonté et
ordonna qu'ils fussent bien traités. Il prescrivit
ensuite de les reconduire à Andar ; puis, faisant rendre à Kummer sa montre, il lui con-
seilla de la confier à son fils, disant que, par
là, il éviterait que les Maures s'en emparas-
sent, et qu'il la lui remettrait ensuite. Kummer

obéit, et le prince maure exécuta fidèlement les ordres de son père.

Le 19 au matin, nos voyageurs arrivèrent dans un village situé sur le bras du Sénégal, qu'on nomme le Marigot des Maringouins. C'est là que commence la Nigritie ; et nos voyageurs y trouvèrent une terre hospitalière. Désormais, ils ne manquèrent plus d'aliments. Au village de Vu, une négresse, qui avait été esclave du respectable Blanchot, gouverneur du Sénégal, leur adressa la parole en français et leur prodigua les soins les plus tendres. Les Maures, de leur côté, devenaient plus doux, à mesure qu'ils approchaient de Saint-Louis. Enfin, ils y arrivèrent, le 22 juillet, après seize jours de marche dans le désert. Le gouverneur accueillit très bien le prince maure ainsi que sa suite, et leur fit donner soixante francs en pièces de deux sous. Cette somme leur parut considérable, et ils en furent très satisfaits ; ce qui porte à croire qu'ils ne connaissaient pas la valeur de la gourde, lorsqu'ils en avaient demandé huit cents pour conduire nos deux voyageurs.

Tous les naufragés étant réunis, on s'occupa de l'objet de l'expédition, la reprise du Séné-

gal ; mais le gouverneur anglais l'éluda sous
prétexte qu'il n'avait pas d'ordres de son gouvernement, et, après quelques jours d'un bon
accueil, il exigea que les Français s'éloignas-
sent, quoique la plupart d'entre eux fussent
sans armes et dans un état d'épuisement qui
les rendait forcément inoffensifs. M. Schmaltz
se décida à aller camper sur le Cap Vert, dont
la possession était assurée à la France. Le 26
juillet, le brig l'*Argus* et un bâtiment mar-
chand se chargèrent des restes de l'équipage
de la *Méduse*. C'étaient les hommes qui étaient
débarqués près de Portendic et quelques-uns
de ceux du radeau. Les plus malades, notamment MM. Corréard et Kummer, étaient restés
à l'hôpital de Saint-Louis. Les deux navires,
dont l'un portait le gouverneur, mouillèrent
dans la soirée sur la rade de Gorée. Le lendemain, les hommes furent transportés sur le
Cap Vert. Quelques jours auparavant, la *Loire*
y avait débarqué M. de Chaumareys avec plusieurs militaires et matelots et une compagnie
de soldats coloniaux.

Un camp fut établi près du village de Dakar,
habité par des noirs, pour recevoir tous les
nouveaux débarqués ; et, comme le naufrage

de la frégate avait beaucoup diminué le chiffre des hommes de la garnison et occasionné la perte d'une grande partie des vivres dont elle était chargée, la corvette l'*Echo* fut expédiée, le 29 juillet, pour obtenir de nouveaux secours et prendre les ordres du roi relativement aux difficultés opposées par le gouvernement anglais. Au nombre des 53 naufragés qui prirent passage sur la *Loire* était M. Savigny, chirurgien de la *Méduse,* qui, à son retour en France, préluda par l'insertion, dans un journal, de quelques détails sur la catastrophe dont il avait été un des acteurs, au récit qu'il publia plus tard, avec M. Corréard, des émouvantes péripéties dont elle avait été accompagnée et suivie. Une épidémie moissonna les deux tiers de ceux qui avaient été débarqués au Cap Vert ; les survivants, transportés à Saint-Louis, le 20 novembre. y reçurent de grands soins. Ils eurent surtout à se louer de l'humanité du major Peddy et du capitaine Campbell qui, résolus à faire un voyage dans l'intérieur de l'Afrique, tentèrent Kummer par des offres avantageuses et l'attachèrent au service de l'Angleterre. Hélas ! cet intrépide jeune homme, après avoir échappé à tant de souffrances et de dangers, devait, comme ses deux compagnons, succomber dans cette entreprise.

Le naufrage de la *Méduse* a inspiré à Géricault un vaste tableau, où les scènes les plus déchirantes qui se passèrent sur le radeau sont reproduites avec une saisissante énergie, qui a déterminé le classement de cette toile parmi les chefs-d'œuvre de l'école française. Tout récemment, un drame représenté à Paris sur l'un des théâtres des boulevards, a remis en action quelques-unes de ces scènes.

Naufrage de la Méduse, etc., par MM. J.-B.-H. Savigny et Alex. Corréard, Paris, 1817, in-8°. Il a été publié sept éditions de cette relation. — *Naufrage de la frégate la Méduse*, dans le t. IV, p. 251-285 de l'*Histoire des relations de voyages par mer et par terre en différentes parties de l'Afrique*, par C.-A. Walckenaer.

NAUFRAGE DU BRIG LA *JEUNE-SOPHIE*

DE BORDEAUX

Le brig la *Jeune-Sophie*, d'environ 280 tonneaux, capitaine Devaux, monté par quinze hommes d'équipage tant officiers que matelots et douze passagers, au nombre desquels était M. le comte d'Amerval, armateur, avait été expédié du Hâvre, le 28 mai 1817, pour les îles de France et de Bourbon, avec une riche cargaison. Les contrariétés dont il avait été assailli, les coups de vent qu'il avait essuyés, avaient retardé sa marche et l'avaient contraint de s'écarter de sa route, lorsqu'un affreux événement vint réduire au désespoir son malheureux équipage.

Le 6 août 1817, vers 2ʰ de l'après-midi, la

Jeune-Sophie se trouvant par 20° 25' de latitude S. et 26° 25' de longitude O., le besoin
d'eau-de-vie força d'ouvrir un des panneaux
de la cale, afin d'en retirer un baril placé à
l'entrée de la chambre. Aussitôt quelques passagers se plaignirent d'être incommodés par la
fumée qui sortait de la chambre ; mais comme
on pensa qu'elle provenait de la cuisine, on ne
fit que peu d'attention à leurs observations.
Toutefois, comme la fumée augmentait toujours, portant avec elle une odeur de brûlé,
on fit d'exactes recherches, et son épaisseur
dans un office attenant à la dernière cabine de
bâbord, fit croire que le feu y avait été mis par
la négligence du mousse qui, seul, y entrait
avec de la lumière. L'office fut de suite vidé et
abattu, et l'on reconnut que le foyer de l'incendie n'était pas dans cette partie du navire.
Le panneau fut ouvert de nouveau, et l'on acquit alors la triste conviction que la fumée provenait de la cale ; on crut même qu'un paquet
d'étoupes à travers lequel elle filtrait, recélait
les principes du feu, et, dans cette croyance,
on le couvrit d'eau. Vains efforts ! S'épaissis-
sant de plus en plus, au point d'asphyxier
ceux qui pénétraient dans la chambre ou dans

l'entrepont, la fumée sortait par tourbillons.

Désespérant du salut du navire, et voyant combien l'air activait le feu, les officiers firent promptement refermer les écoutilles et les firent couvrir de voiles, couvertures et matelas mouillés que l'on se mit alors à arroser sans relâche. Quelques hommes se précipitèrent dans la cambuse, et parvinrent, au péril de leur vie, à sauver un petit sac de biscuit qui, avec quatre barils de galère pleins d'eau et quelques poules, formait toutes les ressources de ces vingt-sept malheureux.

On commença enfin à réfléchir avec plus de calme. Toute l'horreur de la situation se peignit avec force à l'imagination de chacun, et l'on s'aperçut avec douleur qu'en fait d'instruments de navigation, on n'avait plus que deux boussoles et un octant ; du reste, aucun livre, aucune carte qui pût guider les officiers dans leur marche. D'un autre côté, une mer terrible ne laissait aucun espoir de sauver vingt-sept personnes dans deux embarcations dont la plus grande n'aurait pu en contenir que douze, et qu'il serait même devenu impossible de hisser au-dessus de la lisse et de mettre à la mer si la mâture minée par le feu était venue à tomber comme on s'y attendait à chaque instant : quant au petit canot, son exiguité et la violence de la mer le rendaient absolument inutile.

On se mit à pomper, et l'on acquit bientôt la certitude que le vitriol, qui sortait de la pompe, était la cause de l'incendie. Il fut alors facile d'expliquer tout à la fois l'absence de flammes dans le feu, l'odeur sulfureuse qui en provenait et les nombreuses asphyxies qui avaient déjà eu lieu.

On tint enfin conseil. En raison de l'imminence du danger, le capitaine crut que le seul parti à prendre était d'essayer de se rendre à l'île déserte de la Trinité, distante d'environ cent lieues, et de gagner ensuite l'île de l'Ascension ou même Rio-Janeiro, suivant les progrès plus ou moins rapides du terrible élément dont on ne pouvait qu'imparfaitement apprécier la violence et la force. Tout le monde se rangea à son avis.

Ce ne fut que le 8, à minuit, que l'on eut connaissance de l'île de la Trinité. On mit en travers jusqu'au lendemain matin, à 6ʰ; on s'assembla alors pour tenir conseil, et le désir de sauver le navire ainsi que sa cargaison, et la certitude de périr de faim sur la roche sté-

rile qu'on avait en vue, décidèrent à continuer
la route en se dirigeant sur l'île de l'Ascension.
Le même jour, sur les 11ʰ du matin, étant
dans l'O. de la Trinité, à la distance d'environ
quatorze lieues, on s'aperçut que les chevilles
des porte-haubans de l'arrière à bâbord étaient
rouges, et que la fumée sortait entre les préceintes. Cette affreuse découverte causa une
consternation générale. Enfin, on vira de bord,
et l'on entreprit de lutter contre les vents contraires pour revenir à l'île de la Trinité. Par
cette manœuvre, le côté du navire le plus en-
dommagé se trouva élevé de beaucoup au-
dessus de la mer, et l'on essaya de remédier à
cet inconvénient en couvrant de matelas mouillés les parties attaquées. Des hommes attachés
avec des cordes en dehors du navire, étaient
successivement chargés d'arroser sans interruption ces matelas et la hanche du navire.

Obligé de lutter contre le vent et les lames,
le navire tanguait horriblement. Les mâts,
ébranlés par le tangage, presque consumés au
pied, menaçaient à tout moment d'entr'ouvrir
le pont par leur chute, et, donnant ainsi un
libre passage à l'air, de causer un embrâse-
ment général; on n'eut alors d'autre moyen

que de les saisir fortement avec des caliornes.
Ce fut dans cette position que l'on aperçut
pour la seconde fois l'île de la Trinité pendant
la nuit du 9 au 10.

Le 10 au matin, les officiers visitèrent toutes
les baies de l'ouest de l'île. Aucune ne présentant de mouillage, il fut décidé qu'on en cher-
cherait une un peu plus au large. L'ouverture
de l'entrepont, où étaient les câbles, pouvant
entraîner la perte du navire, en donnant passage à l'air qui activerait le foyer de l'incendie, et la violence du feu faisant présumer
avec raison que ces mêmes câbles étaient réduits en cendres, on en tressa un en toute hâte
au moyen des plus forts cordages que l'on
avait sous la main. L'ancre fut mouillée; mais,
peu d'instants après, le câble fut coupé par les
roches.

Le capitaine, voyant alors que la perte du
navire était inévitable, envoya le maître charpentier pour sonder en dehors les parties em-
brasées. Ce maître annonça à son retour, que
les bordages étaient réduits de quatre pouces à
environ trois lignes d'épaisseur; que les coutures étaient vides, et que la fumée sortait même
par les bordages au-dessous des préceintes.

Chacun se convainquit par lui-même de la vérité du rapport du maître charpentier. Il fut
en conséquence résolu que le navire serait
échoué dans la baie au N.-O. de l'île de la
Trinité, afin qu'on pût en retirer quelques
vivres. Le 10, à 4ʰ du soir, le navire fut mis
à la côte et sabordé de suite à sa flottaison à
bâbord; six heures plus tard, l'eau remplissant
l'entrepont, on reconnut que le feu était éteint.

Ce ne fut pas sans une vive satisfaction qu'a-
près avoir lutté pendant 173ʰ, et par un temps
affreux, contre deux éléments terribles, les vingt-
sept naufragés se trouvèrent enfin auprès de la
terre; mais, lorsque ce premier moment fut
passé, l'idée de n'avoir échappé aux flammes ou
à une mer furieuse, que pour périr de faim sur
un rocher désert et stérile, vint s'offrir à eux;
et la vue de cette terre aride où ils devaient
probablement finir leurs jours, loin de tous les
objets qui attachent l'homme à la vie, changea
bientôt cet instant d'ivresse en une douleur
amère.

La journée du 11 fut employée à construire
un va-et-vient pour porter à terre le peu de
vivres que l'on put recueillir.

Dans la soirée et la nuit du 12 au 13, les

vents ayant passé au S.-O., la mer devint extrêmement grosse, les vagues se succédèrent sans
interruption, et treize personnes, tant officiers
que matelots et passagers, que la violence du
ressac empêcha d'aller à terre, n'eurent d'autre
ressource que de se jeter dans la chaloupe et
de gagner le large, ayant pour toutes provisions
deux poignées de miettes de biscuit, sept pots
d'eau douce et un baril de beurre salé qui,
après l'ouverture du navire, à trois heures du
matin, fut trouvé en pleine mer.

Le 13, dans la matinée, les naufragés qui
étaient à terre, ne voyant pas la chaloupe, cô-
toyaient tristement le rivage, s'attendant à y
trouver les cadavres de ceux qu'elle portait,
lorsqu'à neuf heures ils aperçurent cette embarcation dont un énorme rocher leur avait jusqu'alors dérobé la vue. Les signes de détresse
des treize malheureux firent connaître dans
quel absolu dénuement de vivres ils se trouvaient. La mer, brisant avec furie contre les rochers, ne permettait pas, même aux meilleurs
nageurs, d'établir la moindre communication
entre la chaloupe et la grève. Vingt expédients
furent tentés ; aucun ne réussit. Un baril de
beurre salé, fondu et imprégné de vitriol, telle

était la seule nourriture qu'eussent désormais treize personnes réduites, pour prolonger leur existence, à faire usage de cet aliment nauséabond et malfaisant.

Enfin, le 15 août, sur les 2ʰ après midi, un peu de calme permit d'envoyer des vivres à la chaloupe et de changer les personnes qui s'y trouvaient. Tous furent obligés de se jeter à la mer, à trente-cinq brasses du rivage. Ceux qui ne savaient pas nager furent attachés sur un baril de galère et hâlés ainsi, avec une corde, chacun à son tour, sur les roches où la mer déferlait avec fureur. La crainte de perdre les embarcations nécessaires au salut de tous empêchait d'approcher davantage d'une côte inconnue.

Le 20 août, insensibles à la crainte de périr sur une frêle embarcation, persuadés d'ailleurs que tel serait bientôt le sort des malheureux qui resteraient sur ce rocher désert, le capitaine Devaux, le lieutenant Girette, le comte d'Amerval, armateur, et cinq matelots s'embarquèrent dans la chaloupe, résolus, malgré une mer houleuse et une distance de 240 lieues, à aller solliciter à Rio-Janeiro les secours du consul de France pour leurs compagnons d'infortune.

6

Dix-neuf personnes restaient encore dans l'île, presque sans vivres, sans armes pour s'en procurer, sans poudre — elle avait été jetée à la mer dans le premier moment de l'incendie — sans médicaments. Là devait bientôt, selon toute apparence, se terminer leur vie ; mais la nécessité leur donnant les forces et le courage nécessaires, les plus agiles de ces infortunés gravirent les rochers à pic au milieu desquels ils étaient en quelque sorte prisonniers. Armés de bâtons faits à l'aide des débris de navire, ils attaquèrent d'énormes sangliers jusque sur la cime de rochers escarpés. Suspendus, à bien dire, au-dessus de précipices affreux, ils étaient exposés à y être jetés par le moindre choc, par un faux pas ou un coup mal asséné, à perdre l'équilibre et à rouler sur un lit de roches aigües, où leurs corps seraient parvenus en lambeaux. C'est au prix de ces dangers qu'ils purent se procurer quelques aliments.

La chaloupe s'était éloignée depuis trente jours. Les vivres étaient presque épuisés sur l'île, et le seul filet d'eau qu'on eût trouvé menaçait d'être tari par la sécheresse, lorsque, le 21 septembre, un navire fut signalé au large. La route qu'il suivait fit croire qu'il était envoyé

par le capitaine Devaux. Toutefois, comme il
était possible qu'il n'en fût pas ainsi, on lui fit
des signaux. Le canot fut mis à la mer, et
quatre hommes, s'y jetant en toute hâte, parvinrent à accoster le navire. Ce navire continuait
la bordée qu'il courait en longeant la côte; cette
manœuvre fit craindre aux naufragés qu'ils ne
fussent le jouet d'une illusion, et ils en éprou-
vèrent une douleur d'autant plus grande qu'ils
s'étaient crus plus près de leur délivrance.
Immobiles, les yeux fixés sur le navire, ils
semblaient avoir perdu l'usage de leurs facultés
lorsqu'enfin ils le virent virer de bord et hisser
le pavillon américain à son grand mât. Le
canot revint peu de temps après avec une lettre
annonçant que le capitaine prendrait les naufragés à son bord, et que son navire était le
brig *Mary-Elisa,* de Salem (Mossachusett's),
qui se rendait à Sumatra, mais qui se détour-
nerait de sa route pour les déposer au Cap de
Bonne-Espérance. La noble conduite du capitaine Joseph Beadle, pendant les trois semaines
que les naufragés passèrent à son bord, ses
prévenances, ses délicates attentions, ne contri-
buèrent pas peu à les remettre de leur épuisement et à atténuer le souvenir des angoisses

qu'ils avaient éprouvées. Le 16 octobre, le brig américain mouilla dans la baie de la Table, et, le lendemain, les naufragés descendirent dans la ville du Cap. Dans la soirée, on les prévint qu'un navire français les attendait à Simon's Bay. Ils marchèrent toute la nuit, et, arrivés de 18 à Simon's Town, ils s'embarquèrent immédiatement sur la flûte la *Normande*, commandée par le capitaine de frégate Ducrest de Villeneuve, qui ramenait en France M. le comte Bouvet de Lozier, maréchal de camp, revenant avec sa famille et plusieurs officiers de l'île Bourbon dont il était gouverneur depuis trois ans. Le commandant, le général Bouvet de Lozier, les officiers de la flûte et les officiers coloniaux passagers prodiguèrent aux naufragés, pendant toute la traversée, les preuves de la plus vive sollicitude.

Quant à la chaloupe, elle était parvenue, le 31 août, à Rio-Janeiro, d'où le gouvernement portugais, sur les instances du consul de France, avait expédié, le 6 septembre, le navire *Marie-Émilie*, pour recueillir les dix-neuf individus restés sur l'île de la Trinité. A bord étaient le capitaine Devaux et les cinq matelots de la *Jeune-Sophie*, lesquels, à leur arrivée dans

l'île, le 27, n'y trouvèrent que les restes de
l'habitation temporaire que s'étaient construite
leurs compagnons et une lettre que l'un d'eux,
M. Duranton, ex-capitaine d'infanterie, avait
écrite à l'adresse du capitaine Devaux, le 21
septembre, pour lui faire savoir, à tout événement, que lui et les dix-huit autres naufragés restés dans l'île avaient profité de l'offre
généreuse du capitaine Joseph Beadle.

6.

NAUFRAGE DE LA FLUTE LA *CARAVANE*

———

La flûte de la marine de l'État la *Caravane*, capitaine Le Normand de Kergrist, lieutenant de vaisseau, se trouvait, le 21 octobre 1847, à près de vingt lieues dans l'E. du Vauclain (Martinique), et faisait route à l'O., sous petites voiles, avec bonne brise du nord, et temps clair, lorsque, le 22, à 4ʰ 1/2 du matin, le vent augmenta et le temps s'obscurcit ; le capitaine fit aussitôt prendre la cape sous la misaine, le petit foc et le grand hunier, le bord au large. A trois heures, le vent augmenta de nouveau ; on fit route à l'E., afin de s'éloigner de terre dans le cas d'un coup de vent. On faisait dix nœuds quand on fut obligé de serrer le grand hunier. Le capitaine fit dès lors gouverner au S.-E., transfiler toutes les voiles sur leurs vergues, et tout fut préparé pour recevoir le coup de vent qui s'annonçait. A six heures et demie, les mâts de hune tombèrent, la misaine et le petit foc furent enlevés. On coupa alors le mât d'artimon dont la chute n'empêcha pas le bâtiment de venir en travers ; les faux sabords furent enfoncés, la batterie remplie, et l'on trouva dix pieds d'eau dans la cale. Ordre fut donné de couper le grand mât, et le bâtiment fut soulagé. On avait l'espoir de conserver le mât de misaine, mais bientôt un tourbillon l'enleva ; dans sa chute, il cassa les jas des deux ancres et même le bossoir de tribord ; les câbles de ces deux ancres furent coupés, dans la crainte que les bosses et saisines ne vinssent à manquer.

On parvint à dégager le grément du mât de misaine ; celui des deux autres mâts était rendu libre depuis longtemps : aussi leurs tronçons ne fatiguèrent-ils point l'extérieur du bâtiment. Les saisines des drômes et du grand canot avaient été doublées sur le pont ; toutes les pompes garnies et les voiles de rechange doublées et clouées sur les panneaux ; enfin, pour le moment, il n'y avait plus qu'à s'occuper de pomper et d'épisser les câbles coupés.

A 4.ʰ du soir, le capitaine eut la satisfaction de voir les pompes étanches et le bâtiment ne faisant point d'eau; mais, à cinq heures, quelle fut sa surprise lorsqu'il aperçut la terre à moins de trois lieues sous le vent. Ses deux extrémités furent relevées, l'une au S.-O., l'autre au N.-O. du compas. Les vents avaient soufflé du N. au S.-O. dans l'ouragan, et la *Caravane* était rapportée à terre avec une force incalculable par la lame et les courants. Le vent était alors au S.-E., et le bâtiment lui présentait le côté de bâbord; ainsi que la mer, qui était très houleuse, il le jetait dans le N.-O. Ce concours de contrariétés obligea à laisser arriver de manière à doubler la pointe relevée au S.-O., reconnue pour la pointe d'Enfer. Le grand canot, qui était sur la drôme, fut mâté, et, à l'aide de ses voiles et d'un perroquet établi sur un mâtereau, le bâtiment arriva. On le tint gouvernant jusqu'à ce que le vent, déjà beaucoup tombé, passant à l'E.-S.-E. et ensuite à l'E., enlevât l'espoir de le sauver. Le vent et surtout la mer le jetèrent rapidement en travers sur une côte garnie de récifs s'étendant à plus d'une demi-lieue de terre, et sur laquelle le hasard seul pouvait faire rencontrer un mouillage. On ne cessa de sonder. Enfin, à neuf heures et demie, ayant trouvé un fond de sable

par neuf brasses d'eau, à une encâblure et demie des récifs qui formaient une longue chaîne
suivant le gîsement de la côte, et qu'il était impossible de doubler, le capitaine se décida à
mouiller les quatre ancres; deux tinrent bon un
instant, mais la violence de la mer les fit bientôt
chasser, et la *Caravane* tomba en travers sur les
récifs. Les lames qui la couvraient déferlaient
avec une telle force qu'en dix minutes elle fut
séparée en trois parties. L'avant jusqu'aux passavants fut emporté à une portée de fusil de la
poupe, et le centre à petite distance, sur les
récifs. Dans ce moment horrible, plusieurs personnes furent enlevées par la mer et les débris ;
il était alors environ minuit, et la nuit était assez
obscure pour qu'on ne distinguât pas le rivage.

N'ayant pas l'espoir de sauver tout l'équipage, le capitaine laissa libres ceux qui avaient
dû suivre les débris sur lesquels un très petit
nombre parvint à terre. La plus grande partie
resta cependant près du capitaine, sur l'arrière
du bâtiment, où tous passèrent une nuit affreuse, couverts par la mer et menacés à tout
instant d'être emportés par les lames qui se
succédaient rapidement. Le jour parut enfin,
et le capitaine reconnut qu'avec de l'ordre et

du courage, il serait possible de sauver même
les enfants. Il désigna des maîtres et des matelots pour travailler, sous la direction des officiers, à la construction de petits radeaux ; un
canot, qui avait été jeté en travers sur l'arrière,
fut mis à la mer et, pour ainsi dire, transporté
par les matelots au-delà des récifs. A 10^h du
matin, trois femmes, leurs enfants et plus de
quarante hommes étaient à terre. A 3^h de l'après-
midi, il ne restait avec le capitaine que dix-huit
personnes. La mer étant devenue très grosse, il
prit la résolution d'abandonner, avec ces malheureux, la poupe du bâtiment pour se placer
sur ce qui restait du centre, au milieu des récifs,
afin d'y passer la nuit, le canot n'étant plus en
état de leur porter du secours avant d'être répa-
ré. Il s'était établi au milieu de ces débris, lorsqu'une pirogue armée par des nègres, la seule
qui fût restée aux environs, vint dans les brisans pour sauver les dix-neuf personnes qui s'y
trouvaient. Quelques planches furent amarrées
et formèrent sur les dangers une espèce de pont
au moyen duquel elles gagnèrent la pirogue
qui, en trois voyages, les mit toutes à terre.

Neuf hommes avaient péri. De ce nombre
était M. Siméon, jeune enseigne qui promettait

à la marine un officier distingué. Les officiers et l'équipage avaient rivalisé de courage et de dévouement. M. le lieutenant de vaisseau Fournier, second du capitaine, constamment occupé des moyens de transporter au-delà des récifs les femmes, les enfants et les personnes qui ne savaient pas nager, avait été sauvé lui-même par un matelot au moment où, épuisé de fatigue, il coulait dans les brisans. L'enseigne Lespert, qui, au moment de la séparation du bâtiment, avait été emporté par les débris et avait eu le bonheur de gagner la terre avec plusieurs personnes, s'était empressé, malgré ses blessures, de se jeter au secours des malheureux qui n'avaient plus la force d'atteindre le rivage, et c'est à lui qu'on avait dû l'envoi de la pirogue. L'enseigne Le Grandais avait fait quatre voyages, escortant à la nage, au milieu des récifs, les frêles radeaux sur lesquels on ne pouvait placer qu'une seule personne à la fois ; il avait ainsi contribué particulièrement à sauver deux femmes et un enfant ; à bout de forces, il avait été embarqué. L'élève Cléry, emporté à la mer en même temps que M. Lespert, s'était accroché à une partie des débris, y avait passé la nuit avec quelques hommes,

et les avait conduits à terre le lendemain au
moyen d'un radeau que lui et M. Rosé, commis aux revues, avaient établi. Le contre-maître
Paulin avait conduit au-delà des récifs un enfant et sa malheureuse famille.

Les naufragés arrivèrent à terre entièrement
nus, brûlés par l'ardeur du soleil et couverts
de contusions. Quoique très souffrant lui-
même, M. le chirurgien-major Boursin se
multiplia pour soigner les malades et les blessés. L'ouragan avait dévasté la colonie, et ses
habitants étaient en grande partie ruinés. Quoiqu'il en soit, ils ne songèrent pas à leur propre
situation. et beaucoup d'entre eux, à l'exemple
de MM. de Puyféral, de Blancroix, de Rain-
ville et Porée offrirent aux naufragés une hospitalité qui leur permit de se remettre de leurs
fatigues et de leurs blessures.

Le roi, sur la proposition du ministre de la
marine, nomma chevaliers de la Légion d'honneur MM. Fournier, Le Grandais, Lespert et le
contre-maître Paulin. Le capitaine Le Normand
de Kergrist, traduit le 8 avril devant un conseil
de guerre, fut acquitté honorablement. Déjà
chevalier de Saint-Louis, il fut nommé chevalier de la Légion d'honneur le 6 mai suivant.

NAUFRAGE DU NAVIRE LE *NEPTUNE*

Le navire le *Neptune*, de Boulogne, de cent cinquante tonneaux et huit hommes d'équipage, capitaine Lebeau, partit de Cette, le 20 décembre 1821, à sept heures et demie du matin, chargé d'eau-de-vie, de vins et d'esprits. Le temps était beau et le vent au S.-O. Une heure après, il ventait grand frais ; le lendemain, et toute la journée du 22, le temps fut superbe. Ces débuts étaient d'un heureux présage ; hélas ! il était trompeur. Moins de deux jours après, le navire était englouti ; il entraînait avec lui dans l'abîme sept des hommes qui le montaient. Un seul devait survivre, c'était le matelot Bouret que nous allons laisser raconter lui-même (1) les dangers et les angoisses

(1) *Rapport de Benigne Bouret à M. le commissaire de la marine chargé en chef du service à Marseille (Annales maritimes et coloniales, de 1822, 2e partie, t. Ier, pages 276-283).*

7

qu'il éprouva pendant treize jours consécutifs.

« Le 23, la mer était affreuse, les vents toujours dans la même direction, le ciel couvert de nuages. Le 24, la tempête devint terrible ; nous étions alors à peu près par le travers de Barcelone , à dix lieues environ de la côte, d'après ce que j'entendis dire au capitaine. Sur les sept heures, on aperçut le feu Saint-Elme sur la girouette du grand mât. Je considérais ce phénomène, que je voyais pour la première fois, et que mes camarades disaient être un présage funeste, lorsque nous fûmes totalement éblouis par un éclair épouvantable qui dura environ deux secondes. Le capitaine ordonna à tout l'équipage de monter sur le pont : il fit serrer le petit hunier et la brigantine, et virer de bord sur la misaine, le grand hunier et le petit foc. Après avoir abattu, nous allions vent arrière.

A huit heures, le capitaine envoya du monde se coucher. L'obscurité était profonde ; de grands éclairs, accompagnés de violents coups de tonnerre à une certaine distance, jetaient, de moment en moment, une lueur lugubre sur cette horrible scène. On commença à pomper continuellement, présumant que la pompe suffirait pour affranchir le navire. Un peu plus tard, on s'aperçut que, dans la cale, une pièce d'eau-de-vie s'était dérangée : le capitaine et le second s'y transportèrent, la pièce fut arrimée de nouveau : un instant après, on entendit rouler plusieurs barriques sans qu'il fût possible d'y porter remède.

Le vent devenait toujours plus violent. A neuf heures et demie, je m'approchai de la pompe. Le navire était fortement incliné, recevant des coups de mer terribles, qui faisaient à bord un fracas épouvantable. Quelques minutes après, je m'aperçus que nous tombions toujours plus sous le vent, et, regardant du côté opposé, je vis cette partie du navire s'élever ; je m'y élançais pour saisir les haubans, lorsque j'entendis le lieutenant prononcer ces mots : « Voilà le navire !... » Et une autre voix : « Ah ! mon Dieu !... » Au même instant tout fut englouti.

Dans cet affreux moment, me tenant toujours amarré, je ne conservai qu'une légère lueur de connaissance que je perdis bientôt totalement. Je ne sais combien de temps je restai dans cet état. Enfin, le navire s'étant relevé, le mouvement de l'eau qui coulait sur

ma figure me fit reprendre mes sens. J'ouvris
les yeux : je revis les éclairs sillonnant d'horribles nuages que le vent faisait rouler avec
rapidité sur ma tête, et ma première pensée
s'éleva en actions de grâces vers le ciel.

Je serrais toujours fortement les haubans ;
le devant de mes jambes était écorché par les
efforts que j'avais faits pour me retenir. Je
montai jusqu'à la grande hune, appelant à plusieurs reprises pour demander ce que j'avais à
faire.

Personne ne répond..... J'appelle encore ;
quelques gémissements lointains parviennent
jusqu'à mon oreille ; ils se perdent bientôt dans
le bruit de la tempête. J'étais glacé d'effroi.
Cependant une voix semble articuler quelques
mots que je ne puis comprendre. Alors je
descendis sur le côté du navire qui se trouvait
hors de l'eau, dans les moments où les lames
ne l'inondaient pas, et j'aperçus le novice,
nommé Voisin, assis sur les haubans ; le chien
du bord était à côté de lui. Il serra tristement
ma main, en me disant : « Il paraît que tous
nos camarades ont péri ; mais qu'allons-nous
devenir ! »

Vers les onze heures, le mât de misaine et le

beaupré rompirent à quelques pieds au-dessus
du pont; le mât de hune désempara également,
et le grand mât resta seul avec sa hune. Le
navire, soulagé de ce poids, se releva un peu,
et nous montâmes tous deux dans la hune. Je
travaillai à détacher la grande vergue dont la
voile était déferlée ; je coupai, avec mon couteau, les manœuvres qui la retenaient, et je
parvins à faire tomber le tout sur le pont.
Succombant à la fatigue, tout mouillés, quoique
dans ce moment les vagues ne montassent pas
jusqu'à nous, nous nous amarrâmes dans la
hune, et nous nous abandonnâmes au sommeil.

Le temps fut le même pendant toute la
journée du 25. Nous ne pûmes pas descendre
sur le pont, à cause des vagues qui le couvraient
de temps en temps avec la plus grande violence.
Nous voyions les barriques qui sortaient de la
cale, et se brisaient bientôt après. Nous aper-
cevions deux brigs à la distance de quelques
lieues, louvoyant à la cape. Le temps, couvert
de nuages, s'éclaircissait par moments ; nos
vêtements étaient secs ; l'espérance que ces
navires se rapprocheraient de nous nous fit
passer la nuit assez paisiblement.

Le 26, nous vîmes un brig que je présumai

être un de ceux de la veille, courant sur nous; nous eûmes quelques moments de joie. Dans l'après-midi, il nous passa sous le vent, assez près. Il était à la cape, comme la veille. Nous voyions le monde à bord. Il paraît que nous ne fûmes pas aperçus, car bientôt nous le vîmes s'éloigner et disparaître. Sur le soir, le temps étant devenu assez clair, nous crûmes reconnaître dans l'horizon deux pointes de terre.

Après une nuit très agitée, nous revîmes la lumière. Hélas! Elle ne venait plus éclairer que nos douleurs qui bientôt allaient nous plonger dans une nuit éternelle.

Vers le milieu du jour, apercevant une capote le long du bord, je me disposai à descendre pour la dégager, malgré les lames qui couvraient toujours le navire. Nous voyions aussi, par l'ouverture de la chambre, une barrique que la mer n'avait pu encore en faire sortir, et qui flottait à peu près au niveau du pont. J'engageai le novice à descendre avec moi pour m'aider à la défoncer; il ne le pouvait pas, se sentant trop faible, et ayant les pieds enflés par le froid. Arrivé sur le pont, je fus obligé de me cramponner contre le tronçon du mât, pour ne pas être emporté par les vagues. Quand elles

se retiraient, j'avançais et je frappais sur la
barrique avec un morceau de fer et un bout-
dehors de la bonnette ; j'étais, presque aussitôt,
obligé de battre en retraite, pour revenir encore. Je vins à bout cependant d'enfoncer le
fond de la barrique ; c'était de l'eau-de-vie. Je
me hâtai d'y plonger mon chapeau, et j'allais,
en le retirant, le porter à mes lèvres, lorsqu'une
lame me couvrit entièrement, et me fit perdre
en un instant tout le fruit de mes peines. Je
puisai encore une fois avec mon chapeau dans
la barrique, mais la liqueur n'avait plus de
force ; à peine pouvait-elle corriger un peu
l'amertume de l'eau salée. Je n'en bus qu'environ la valeur d'un petit verre. Presque dé-
sespéré, je remontai dans la hune, tenant la
capote sous le bras et mon chapeau à la main.
Le novice essaya de boire, mais il ne put le
supporter, et nous continuâmes d'être en proie
aux souffrances d'une soif dévorante.

Un peu plus tard, nous vîmes le cadavre
d'un matelot sortir par la chambre, avec des
débris de meubles. Ce malheureux, dont nous
enviâmes le sort, avait encore la tête appuyée
sur son bras, comme si la mort l'avait saisi
pendant son sommeil. Je voulus descendre

pour enlever son gilet, afin de couvrir mon camarade. Il ne le voulut pas, et me dit : « Si la mer vous emporte, que deviendrai-je ! » Malgré ses observations, j'allais descendre, mais le cadavre avait disparu.

Dans l'après-midi, j'inventai une espèce de voile qui porta jusqu'au soir. J'espérais, par ce moyen, m'approcher de terre ; le vent ayant tourné, je fus obligé de l'amener dans la crainte qu'elle ne nous portât au large.

Le 28, la mer était très haute ; elle venait nous envelopper jusque dans la hune ; trempés jusqu'aux os, mourant de faim, de froid et de soif, nos angoisses ne peuvent s'exprimer.

Le chien du bord était resté, depuis le premier jour, sur l'arrière. La mer l'emportait, puis il revenait encore en nageant ; il nous regardait en poussant des cris lamentables. Plusieurs fois il essaya de venir jusqu'au pied du grand mât ; la mer l'emportait toujours. La nuit, surtout, ses hurlements étaient affreux ; ils ajoutaient encore, s'il est possible, aux terreurs qui nous agitaient. Dans cette journée, ses forces paraissaient épuisées ; il luttait contre la mort jusqu'à ce qu'enfin une lame l'engloutit.

Le 29, nous n'aperçûmes, de même que dans les journées précédentes, aucune voile sur l'horizon ; ainsi point d'espérance. Mon camarade ressentait dans l'estomac des douleurs si cruelles, qu'il me disait que quand même nous serions sauvés, il ne lui semblait plus possible qu'il pût prendre jamais aucun aliment. Me sentant plus de force que lui, et le courage ne m'ayant point tout à fait abandonné, je tâchais de le soutenir et de le consoler. La soif me tourmentait plus cruellement que la faim ; j'ouvrais la bouche pour respirer le vent, espérant trouver quelque soulagement.

Ainsi s'écoulaient le peu de jours d'existence qui nous restaient encore. Quand les souffrances et la mer nous laissaient quelques courts instants de calme, toutes les horreurs de notre position se présentaient à notre imagination. Je pleurais en pensant à ma femme et à mon enfant ; ma femme qui, à mon départ, avait éprouvé des peines si cruelles, semblant pressentir qu'elle ne devait plus me revoir.

Jusqu'au 1er janvier, aucun accident ne rompit la lugubre monotonie de nos douleurs qui toujours allaient croissant. Le vent souf-

7.

flait avec violence ; le navire s'inclinait fortement. Dans un de ces mouvements, une vague
nous passa par-dessus la tête. Quelques instants après, le navire s'étant un peu redressé,
nous nous démarrâmes pour nous placer dans
la partie de la hune opposée à celle où nous
étions, parce qu'elle était moins exposée à être
submergée ; quand je fus remonté, je voulus
aider mon camarade à venir me joindre ; en
me retournant, je ne le vis plus ; il avait été
entraîné par la lame. Je lui jetai de suite un
bout de corde qu'il saisit ; mais bientôt, d'une
voix défaillante, il me dit : « Mes efforts sont
inutiles ; je ne puis résister à mes souffrances ;
je veux mourir. » Il abandonna la corde et
disparut.

Ainsi je restai seul dans une espèce d'anéan-
tissement total ; je ne savais si j'existais encore. Sur le soir, ma bouche était si sèche
que je ne pouvais plus respirer ; j'étouffais. Je
bus mes urines dans mon soulier.

Le 2 janvier, j'eus encore assez de force
pour descendre par les haubans ; je pris de
l'eau, et m'en lavai la figure, la bouche et les
mains. Je sentis quelque soulagement.

Ainsi neuf jours s'étaient écoulés sans que

j'eusse pris aucune espèce de nourriture ; mes forces étaient épuisées. Amarré dans la hune, ne pouvant presque plus faire de mouvements, je ressentais toutes les horreurs d'une affreuse agonie. Continuellement assoupi, des songes pénibles fatiguaient mon imagination presque en délire. Cependant une idée bienfaisante me soutenait encore ; il me semblait voir ma femme et mon enfant qui me disaient de ne pas perdre courage, que je souffrais beaucoup, mais que je serais sauvé. Ce prestige se présentait presque à chaque instant à ma pensée, et jetait quelque lueur sur le reste d'existence que la douleur me laissait encore.

Je passai dans cet état la journée du 3 et la nuit qui la suivit. Ma vue était troublée ; je voyais des feux dans le ciel ; les étoiles me semblaient d'une énorme grosseur ; la clarté de la lune éblouissait mes yeux ; ils ne pouvaient la supporter.

Le 4 janvier, au point du jour, promenant mes regards affaiblis sur l'horizon, je ne pus rien apercevoir. Hélas ! encore un jour de souffrance ! Et je retombai dans un profond assoupissement. Je dus rester assez longtemps dans cet état. Tout à coup il me sembla en-

tendre des voix qui me disaient : « Lève-toi,
tu es sauvé. » Ce n'était qu'un jeu de mon
imagination, car personne n'était encore auprès
de moi. Ces voix me frappèrent de nouveau.
Dans ce moment j'ouvris les yeux, et je distin-
guai, non loin de moi, la voilure d'un navire
sur laquelle le soleil brillait de tout son éclat:
Un moment après une chaloupe s'appro-
cha ; on me démarra et l'on me transporta
à bord ; c'était la galiote hollandaise *Good-
hoope*, capitaine Klein, qui s'empressa de me
faire prodiguer tous les soins que ma malheureuse situation exigeait. Quand je fus revenu à
moi, on me dit que l'on avait vu le navire submergé, et que l'on avait cru que tout le monde
avait péri, mais que le capitaine avait ordonné
de s'approcher le plus près possible, afin de
s'assurer s'il n'y avait personne à bord. C'est à
cette généreuse résolution que je dois la vie.
Après quelques jours encore de navigation,
nous arrivâmes à Toulon, où le navire, à cause
de moi, fut soumis à une quarantaine ; ce qui
rend encore plus digne d'éloges l'humanité désintéressée du capitaine, qui ne craignit pas de
s'exposer à des frais pour rendre un infortuné
marin à l'existence. »

Le Roi décerna une médaille d'or au capitaine Klein, et le ministre de la marine en accompagna l'envoi d'une dépêche exprimant à cet estimable navigateur les sentiments de reconnaissance que lui méritait sa généreuse conduite.

NAUFRAGE DE LA CORVETTE LA *SAPHO*

———

Quelque satisfaisant qu'eût été le résultat
obtenu par l'établissement de l'école de marine
à Angoulême, sous la Restauration, le gouvernement finit par comprendre combien la position
des aspirants sortis de cette école était fausse,
lorsqu'ils arrivaient à bord des bâtiments sur
lesquels ils devaient faire leur première campagne. Quelques-uns étaient incapables de reconnaître l'avant du bâtiment de son arrière.
Il n'y eut en effet, à Angoulême, pendant le
six premières années d'existence de l'école,
d'autre moyen de connaître ce que c'était qu'un
navire qu'en étudiant sur un petit modèle qui
avait été envoyé de l'un des ports. Plus tard
on plaça sur la Charente un ponton auquel on
donna une mâture et un grément. En 1823,

on songea à faire faire aux aspirants qui sortaient une campagne d'instruction sur une corvette. La *Sapho*, jolie corvette de vingt-quatre
canons, fut désignée pour prendre à Brest dix
à douze aspirants qui formaient la moitié de
la promotion de cette année. Le capitaine de
frégate Lamarche la commandait. La France
étant alors en guerre avec l'Espagne, il fut décidé que la *Sapho* escorterait une cinquantaine
de navires qui attendaient à Brest une occasion
favorable pour se rendre dans différents ports
du Portugal et dans la Méditerranée. Cependant
le temps s'écoulait, et la persistance des vents
contraires retenait la *Sapho* et son convoi. Le
15 juillet, ils remontèrent jusqu'au N.-O. Cé-
dant aux pressantes sollicitations des capitaines
des navires qu'il devait convoyer, le capitaine
Lamarche fit signal d'appareiller, et, en attendant que ces navires fussent bien engagés dans
le goulet, il évolua dans toutes les parties de la
rade. La brise était faible. Arrivé au bout d'une
bordée qui le conduisait dans la direction du
ruisseau appelé la *Grande-Rivière*, et avant
d'en être parvenu à une distance compromet-
tante, le commandant de la *Sapho* donna l'ordre de virer au large ; mais la brise, alors fort

inégale, lui manqua, et ne recevant que quelques folles brises venant de la coulée de la
Grande-Rivière, la corvette toucha vers midi
près de la côte nord de la rade entre l'anse de
Laninon et la *Grande-Rivière*, et elle ne put
être retirée de cette position. A la mer basse,
elle se trouva tout à fait à sec sur la plage, en
face de la maison de l'*Espion*. Couchée sur le
côté de tribord, elle se défonça. Après quinze
jours de travaux continuels, la *Sapho* put être
soulevée et conduite dans le port où elle fut
démolie.

NAUFRAGE

DES

BRIGS L'*AVENTURE* ET LE *SILÈNE*

près du cap Bengat

CINQUANTE JOURS DE CAPTIVITÉ DES NAUFRAGÉS EN ALGÉRIE

———

Au milieu du mois de mai 1830, par suite de départs successifs, la croisière devant Alger ne comptait que deux bâtiments, la frégate la *Bellone*, sur laquelle le capitaine de vaisseau Massien de Clerval, qui commandait la station, avait arboré son guidon de commandement, et le brig l'*Aventure*, capitaine Dassigny.

Depuis son retour de Tunis, l'*Aventure* naviguait de conserve avec la *Bellone*; mais, soit qu'il craignît le voisinage du brig, soit toute autre raison, le capitaine Gallois, com-

mandant de la frégate, changeait parfois de
route pendant la nuit sans faire aucun signal.
Dans la nuit du 13 au 14, le vent fraîchit, et
vers deux heures, l'*Aventure* fut obligé de
prendre le deuxième ris aux huniers ; le temps
était très couvert. Pendant que le brig faisait
cette manœuvre, il perdit de vue la frégate qui
avait viré de bord sans mettre de feux de position. Il la chercha vainement durant toute la
journée du 14. Le 15, au matin, il rencontra
le brig le *Silène*, commandé par le lieutenant
de vaisseau Bruat ; il venait de Mahon et ralliait la croisière dont il faisait partie. Le capitaine Bruat avait eu, la veille, connaissance de
la terre, mais, n'ayant pas rencontré la division,
il avait pris le large. Les deux brigs se rappro-
chèrent et les capitaines conversèrent à la voix.

Le temps, fort couvert depuis plusieurs jours,
n'avait pas permis à l'*Aventure* de faire d'observations. M. Dassigny pria M. Bruat de lui
donner son point et lui hêla le sien. Le *Silène*
avait 37° 9' de latitude Nord et 0,17 de longitude Est. L'*Aventure* avait 37° 13' de latitude
Nord et 0,16 de longitude Ouest. La fatalité
voulut que, bien qu'essentiellement différentes,
les longitudes eussent le même nombre de mi-

nutes ; il ne vint à l'idée de personne qu'elles pussent être de dénominations différentes. Les terminaisons Est et Ouest se confondirent, et les deux capitaines se crurent sûrs de leur position respective.

Le capitaine Bruat, après avoir annoncé qu'il imiterait la manœuvre de l'*Aventure*, se mit dans ses eaux, et les deux brigs firent route au S.-E., le vent variant du N. au N.-N.-O. Ils coururent ainsi sous les huniers, deux ris pris. Une brume très épaisse permettait à peine à l'*Aventure* de distinguer son compagnon qui se tenait à environ quatre cents mètres derrière lui. A six heures, on gouverna à l'Est. D'après les observations, cette route devait faire passer à neuf milles du cap Caxines. Vers huit heures quinze minutes, on avait fait environ sept milles depuis le changement de route, lorsqu'à bord de l'*A-venture*, on sentit une légère secousse, bientôt suivie d'une seconde et des cris : *Nous touchons !* (1). Presque aussitôt, une grosse lame prit le brig par la hanche de tribord, et le

---

(1) Les deux brigs se jetèrent à la côte par 1° 23' de longitude Est, c'est-à-dire à soixante-trois milles d'Alger. Une erreur de 0,13' en latitude et de 1° 5' en longitude fut la cause de ce double sinistre.

couvrit en entier. Le gouvernail fut soulagé
et la dunette démolie. Toutes les personnes qui
étaient sur le pont furent renversées et ballo-
tées pendant quelque temps par la mer qui
déferlait avec fureur.

Au premier coup de talon, on avait essayé
de virer vent devant, mais le brig était échoué
de l'arrière et il n'obéit pas à son gouvernail ;
la mer, le prenant par le bossoir de tribord, le
fit tourner en sens opposé, et il resta échoué,
présentant le côté de tribord au large. Dans
cette position, la mer le portait de plus en plus
à la côte, mais la nuit était tellement obscure
qu'il était impossible de rien distinguer. Le
navire étant toujours en mouvement, les lames,
en le heurtant, le faisaient tomber du côté de
terre, et lorsqu'elles se retiraient, il retombait
sur l'autre bord. Ces oscillations le fatiguant
beaucoup et menaçant d'entraîner la chute de
la mâture, chute qui pouvait occasionner de
graves accidents, on se décida, sur la proposition de l'enseigne de vaisseau Troude, adoptée
par le capitaine Dassigny, alors dans sa chambre, à couper les rides des haubans de tribord,
et bientôt les deux mâts tombèrent du côté de
terre. Personne ne fut blessé. Le bâtiment con-

tinua à se balancer sur sa quille jusqu'à ce qu'il eût été porté entièrement hors de l'eau ; les lames n'eurent plus alors assez de force pour le relever. La dernière oscillation le laissa couché du côté du large. L'enseigne de vaisseau Delorme, second du bâtiment, proposa alors de laisser l'équipage se jeter à la nage. M. Troude s'y opposa énergiquement, en citant les naufrages les plus récents dans lesquels les hommes qui s'étaient hâtés de se jeter à la mer avaient presque tous péri. En présence du dissentiment des deux officiers, on alla en reférer au capitaine Dassigny qui se rangea à l'opinion de l'enseigne Troude, et fit défendre d'abandonner le bâtiment.

On ignorait absolument où l'on était ; mais les oscillations du brig et une raie blanche, ligne de démarcation des lames sur la plage, faisaient penser qu'on était tout à fait à terre. La position était affreuse ; chacun se cramponnait à la muraille du côté opposé à celui où le navire était incliné, afin d'y trouver plus d'abri lorsque la lame venait à se briser contre lui. Chaque choc faisait craindre aux malheureux naufragés de voir le brig s'entrouvrir et d'être jetés pêle-mêle avec ses débris dans une

mer mugissante. Puis, par moments, ils renais-
saient à l'espoir, alors qu'après avoir été sub-
mergés pendant quelques secondes, ils pouvaient respirer librement et sentir encore le
bâtiment sous leurs pieds. Ils délibéraient sur
ce qu'ils avaient à faire, quand l'approche
d'une nouvelle lame, annoncée par un mugis-
sement toujours croissant, les avertit de se
mettre à l'abri. Quatre heures se passèrent
dans cette alternative de vie et de mort. Enfin,
à force de regarder, on crut distinguer la terre,
et un matelot, bon nageur, s'offrit pour aller
la reconnaître ; il y fut autorisé. Quel fut son
étonnement, lorsqu'il plongea, de sentir la
terre sous ses pieds ! Quand la mer se retirait,
il ne restait pas plus de un mètre à un mètre
cinquante centimètres d'eau dans l'endroit où
le brig était échoué. Des va-et-vient furent établis, et bientôt tout l'équipage fut à terre.

On eut le bonheur de ne perdre personne dans
ce naufrage, et ce fut d'autant plus extraordi-
naire que, pendant les dernières heures qu'on
était resté à bord, le brig présentait son pont
aux lames qui venaient s'y briser en déferlant.
Entre minuit et une heure, il était évacué.

Au premier coup de talon de l'*Aventure*, on

avait songé au *Silène* que l'on avait perdu de
vue. Le capitaine Dassigny ordonna de tirer
un coup de canon. L'exécution de cet ordre
fut impossible ; on ne put trouver d'amorces,
la dunette dans laquelle on les plaçait ayant été
totalement défoncée par la mer. Plus tard, on
crut apercevoir le *Silène* dans un point fixe ;
on ne se trompait pas. L'impossibilité de tirer
le coup de canon fut un bonheur pour les
naufragés de l'*Aventure*, car sa détonation eût
infailliblement attiré sur le rivage les Bédouins
qui les eussent empêchés d'effectuer leur débarquement. Toutefois, quand on considère le
dénouement de ce malheureux drame, on se
prend à se demander s'il n'eût pas été plus
avantageux à ses victimes d'être forcées de
rester à bord ; leurs souffrances n'eussent pas
été plus grandes, mais leurs pertes auraient
été moindres.

Descendu à terre l'un des premiers, l'enseigne Troude se dirigea avec quelques hommes
le long du rivage, du côté où l'on avait cru
apercevoir le *Silène*. Il le trouva échoué sur
la plage, un peu au plus au large que l'*Aventure*, auquel il présentait l'avant ; il était incliné du côté de terre. M. Troude et ses com-

pagnons parvinrent, mais non sans peine, à se
faire entendre ; le bruit du vent et de la mer
couvrait leurs voix. Le capitaine Bruat se détermina à attendre que son brig fût porté plus
à terre pour opérer le sauvetage de son équipage, ce qui eut lieu vers le milieu de la nuit.
Un seul homme fut emporté par la mer. Tout
l'argent qu'il y avait à bord fut sauvé. Peut-
être eût-il mieux valu qu'il n'en eût pas été
ainsi, car sa possession causa une partie des
humiliations et des mauvais traitements que
les naufragés eurent à subir plus tard.

Quand les deux équipages furent réunis, ils
cherchèrent un abri contre le vent glacé du
Nord afin d'y attendre le jour. Ils le trouvèrent
dans un petit bosquet touffu, situé près du
rivage, dans un marais desséché. Heureux d'a-
voir échappé à une mort imminente, ils se
félicitaient réciproquement, oubliant qu'ils se
trouvaient sur une terre barbare et inhospitalière, et qu'ils avaient tout à redouter de la
férocité des Kabyles ; mais à mesure que les
sens se réchauffaient, la raison faisait apprécier
les dangers de la situation. Au jour, les naufragés allaient être assaillis par les Arabes descendus des montagnes à la vue des deux brigs ;

il fallait prendre un parti. Les officiers des
deux états-majors furent réunis en conseil ; on
examina la situation et l'on discuta les moyens
à employer pour en sortir. L'idée première
fut de se défendre ; le second parti de se rendre
à Alger et de s'y constituer prisonniers. Le
premier moyen n'était pas praticable ; il exigeait des armes, des munitions, des vivres,
toutes choses qui manquaient absolument. Des
corvées furent envoyées à bord des deux brigs,
pour voir quelles ressources ils pouvaient offrir.
On ne put monter à bord de l'*Aventure ;* le
Silène, qui était tombé du côté de terre, of-
frait moins de danger, mais il était plein d'eau,
et les armes avaient été emportées par la mer.

La défense reconnue impossible, on se mit
en marche vers l'Ouest, la configuration de la
côte faisant penser que la ville d'Alger se trouvait dans cette direction.

Laissons maintenant la parole à l'un des acteurs de ce triste drame, à l'enseigne Troude
qui recueillant, à quelques mois de là, ses souvenirs récents, les a consignés dans la relation
suivante (1) :

(1) M. Troude, aujourd'hui officier supérieur de la marine en retraite, a consacré vingt années à la recherche et à la mise en œuvre

« A peine avions-nous fait quelques centaines
de pas que des cris affreux se firent entendre,
et nous aperçûmes une troupe de Kabyles armés qui se dirigeaient vers nous. Par bonheur,
il y avait à bord du *Silène* un Maltais, nommé
Francisco, pris, quelque temps auparavant, par
ce brig dans un bateau de pêche devant Oran.
Cet homme était depuis plusieurs années au
service de la régence et connaissait parfaitement la langue du pays et ses habitants. Il
s'avança seul vers ces Bédouins qui couraient
sur nous en nous menaçant de leurs armes ;
il leur dit que nous étions Anglais, et qu'ayant
fait naufrage pendant la nuit, nous désirions
être conduits à Alger. Les Bédouins parurent
douter de ce qu'il avançait ; mais la vue des

des matériaux qui lui ont servi pour rédiger un ouvrage, en quatre
volumes in-octavo, actuellement sous presse, et intitulé : *Batailles
navales de la France.* Au moment où nous écrivons, le premier vo-
lume vient d'être mis en vente ; l'impression du second est presque
terminée, et celle des deux autres suivra de près, la totalité du ma-
nuscrit étant entre les mains de l'éditeur, M. Challamel aîné, libraire
des bibliothèques des équipages et des aumôniers de la flotte, commis-
sionnaire pour la marine, les colonies, l'Orient et, à ces divers titres,
éditeur ou détenteur des ouvrages qui, sous un rapport quelconque,
concernent la marine, les colonies et l'Algérie, ce qui le rend le com-
missionnaire ou l'intermédiaire naturel de toute personne désireuse de
se procurer les livres traitant de ces matières.
Les *Batailles navales* formeront un des articles les plus importants

yatagans et des poignards dont on le menaçait ne l'émut nullement, et sa bonne contenance finit par les convaincre.

Après une courte délibération, les Bédouins nous firent prendre une direction perpendiculaire à la plage, et qui conduisait dans l'intérieur. Le chemin qu'on nous faisait suivre nous éloignait de notre but; mais, incapables de résister à une masse d'hommes exaspérés qui nous menaçaient, nous nous résignâmes. Chemin faisant, ils nous dépouillèrent, mais sans nous faire éprouver d'abord de mauvais traitements. Lorsque nous passions près d'un village, les femmes poussaient des cris de joie, se précipitaient sur nous et nous enlevaient quelque chose des rares vêtements qu'on nous avait laissés.

de son catalogue. En effet, composé sur des documents authentiques, puisés aux archives de la marine, — les rapports des commandants en chef et des commandants particuliers, — documents conférés avec les publications faites en France et à l'étranger, cet ouvrage sera le correctif de maintes histoires plus ou moins fantaisistes de la marine, écrites par des personnes étrangères aux choses de la mer dont elles ne comprennent même pas la langue. Écrit avec impartialité, il aura un autre avantage, celui de rétablir la vérité, sciemment altérée, dans un trop grand nombre de cas, par l'historien anglais W. James, et il dotera aussi la marine française d'un livre qui lui manque, son histoire écrite par un homme compétent. Ajoutons que, sous le rapport du style, les *Batailles navales* seront lues avec un intérêt égal à celui des faits qui y seront retracés.

Après deux heures de marche, nous fîmes une halte. On commença alors à nous fouiller ; les perquisitions, recommencées par chaque nouvel arrivant, étaient faites avec un soin tout particulier. Tout ce qui nous restait fut enlevé ; l'argent débarqué du *Silène* fut pour nous un sujet de vexations continuelles. Cette halte fut assez longue, et nous crûmes un instant que nous étions arrivés au terme de notre voyage. Il y avait en effet quelque temps que nous étions arrêtés, lorsque nous aperçumes une vingtaine d'Arabes courant sur nous en poussant des cris sauvages, et le yatagan à la main. Ces forcénés tombèrent sur plusieurs hommes qu'ils maltraitèrent en les menaçant de leur couper la tête. Furieux d'arriver trop tard pour prendre part au partage de l'argent, ils nous enlevèrent les rares vêtements qui nous avaient été laissés ; nous fûmes réduits à une simple chemise.

Notre Maltais montra encore beaucoup de fermeté dans cette circonstance ; on le menaça de le mettre à mort s'il n'avouait que nous étions Français. Son sang-froid nous sauva une seconde fois, car c'en était probablement fait de nous si dans ce moment la vérité eût été découverte.

Nous continuâmes notre route au pas de course, car les yatagans et les bâtons jouaient incessamment sur nos têtes ; personne n'était envieux de fermer la marche, et chacun pressait le pas. Après avoir ainsi marché jusqu'à environ trois heures de l'après-midi, nous nous arrêtâmes dans un village plus considérable que ceux que nous avions vus jusque-là ; nos guides s'assemblèrent et délibérèrent sur le parti qu'ils devaient prendre. Pendant que nous attendions le résultat de cette espèce de conseil, quelques vieillards apportèrent du pain, soit au capitaine Bruat, soit au capitaine Dassigny. Trop éloigné de la tête de la colonne, je ne pus, pas plus que mes voisins, participer à la distribution qui fut faite de ce frugal repas, cause première de la mort de mon camarade l'élève de première classe Chabrol, qui me quitta pour avoir sa part.

Après une courte discussion, chaque Bédouin reprit le chemin de son habitation avec deux, trois, six, etc., d'entre nous. J'étais placé à l'une des extrémités de la colonne ; le partage ayant commencé par le bout opposé, aucun Arabe ne s'empara de moi, et je restai dans cet endroit avec une vingtaine de mes

compagnons d'infortune. M. Dassigny était
de ce nombre. Nous reprîmes le chemin que
nous venions de parcourir parce qu'il nous
rapprochait de la mer. Je ne savais qu'augurer
de ce partage ; avait-il été fait afin de trouver
moins de résistance de la part des naufragés,
ou afin de pouvoir les nourrir plus facilement ?
L'abandon dans lequel on nous avait laissés et
l'inégalité du nombre d'hommes pris par chaque Bédouin me faisait incliner pour cette dernière opinion. J'en conclus naturellement que
notre sort était décidé, que nous devenions esclaves dans l'intérieur.

Notre petite caravane diminuait à chaque
pas, car les Arabes que nous rencontrions
emmenaient toujours quelques-uns de ses membres ; je ne tardai pas moi-même à devenir un
objet de convoitise pour un passant qui me
conduisit chez lui. Il devait être cinq heures du
soir lorsque j'arrivai à l'habitation du kabyle
Mohamed ; riche et puissant dans la tribu dont
il paraissait être le chef, il m'avait donné six
compagnons de captivité. De ce nombre étaient
le capitaine Dassigny et M. Aubert, commis
d'administration de l'*Aventure*.

J'étais harassé ; je marchais, depuis qu'il

faisait jour, sous la pluie, sans vêtements et sans avoir pris d'autre nourriture que quelques fèves sauvages que j'avais cueillies chemin faisant. Les travaux et les anxiétés de la nuit précédente étaient bien aussi pour quelque chose dans cet état. J'entrai dans la hutte qui nous fut destinée. Quelles réflexions se présentèrent alors à mon esprit ? Cependant grâce à la fatigue et au besoin de repos que j'éprouvais, je m'endormis auprès d'un feu autour duquel nous nous étions groupés.

Cette cabane était faite avec des branches, de la terre et du chaume ; un trou creusé dans le sol servait de foyer ; la fumée s'échappait par une ouverture pratiquée directement audessus ; quelques étagères sur lesquelles étaient des vases en bois formaient l'ameublement.

Le lendemain 17, il ne nous arriva rien de particulier ; la liberté dont on nous laissa jouir me permit d'examiner les lieux. L'habitation de Mohamed située sur un point culminant d'où l'on apercevait la mer, se composait de cinq huttes semblables entourées d'une sorte de clayonnage formant enclos. L'une d'elles servait de magasin d'approvisionnements, les autres étaient habitées par la famille de notre hôte.

De distance en distance, et à grande portée de
la voix, l'œil découvrait des huttes semblables
à celles que nous habitions. Je vis fort peu de
traces de culture ; çà et là quelques champs
de fèves et d'oignons : pas de blé. Nous passâmes toute cette journée avec les femmes.
Elles paraissaient nous porter intérêt et ne cessaient de nous poser des questions auxquelles
nous ne pouvions rien comprendre. Les vêtements qu'on nous avait pris étaient pour elles
des objets de luxe, et elles se plaisaient à
nous les montrer. L'une d'elles, toute jeune et
fort gentille, malgré son excessive malpropreté,
quitta ses sales vêtements de laine et s'enve-
loppa de quatre cravates en coton rouge qui
lui étaient échues en partage. Elle s'en mit
deux sur la poitrine, une autre sur le dos ;
une derrière lui tombait sur les reins. Ces
quatre mouchoirs étaient attachés par les coins.
Elle avait détaché les boutons de plusieurs pa-
letots, les avait enfilés et s'en était fait des pen-
dants d'oreilles. Ainsi accoutrée, elle vint nous
consulter sur sa toilette. Je ne me serais pas
attendu à trouver de la coquetterie dans la cabane d'une Kabyle.

Les femmes jouissaient de la liberté la plus

grande ; elles étaient constamment avec nous ; leur figure et souvent d'autres parties de leur corps étaient découvertes ; les hommes ne s'en formalisaient pas, mais, dès que le jour tombait, elles disparaissaient pour ne plus se montrer avant le lever de l'aurore.

J'avais déjà eu l'occasion de remarquer la liberté dont jouissent les femmes arabes de la campagne. Dans un voyage que j'avais fait quelques années auparavant à Tripoli de Barbarie, j'avais été accueilli dans quelques habitations éloignées de la ville, et j'y avais passé des heures entières, seul avec des femmes vêtues souvent très légèrement ; mais, dès qu'elles franchissaient le seuil de la porte, elles s'enveloppaient de leur burnous de telle sorte que les regards les plus indiscrets ne pouvaient distinguer ni la grandeur de leurs pieds ni la couleur de leurs yeux.

Le soir, nous apprîmes que plusieurs marins des cases voisines avaient tenté de s'évader, et qu'ayant été repris, ils avaient été massacrés. Cette conduite imprudente causa non-seulement leur mort mais encore celle d'un grand nombre de leurs camarades. Les Bédouins savaient que depuis la déclaration de guerre avec la France,

le dey d'Alger donnait deux cents piastres d'Espagne par prisonnier qu'on lui amenait, et cent
seulement pour une tête. Craignant de voir la
somme promise leur échapper, ou tomber en
d'autres mains, quelques-uns firent un calcul
atroce. Afin d'être sûrs de toucher une rançon,
ils mirent à mort les hôtes qu'ils avaient dans
leurs cabanes. Cet événement nous donna à
réfléchir ; la moindre imprudence comprome-
tait notre existence ; aussi recommandâmes-
nous la plus grande circonspection à nos compagnons ; nous nous en trouvâmes bien.

Le 18, même liberté que la veille pour l'emploi de notre temps. Je ne savais que penser
de cette manière d'agir des Arabes. Etendu
dans notre cabane, je faisais des conjectures à
l'infini, lorsque, dans l'après-midi, un Bédouin
que je supposai faire partie de la famille de
Mohamed parut devant la porte et me fit signe
de le suivre. Cette invitation était un ordre
pour moi ; je me levai, le Bédouin me prit
par le bras, et nous sortîmes de l'enclos. Nous
avions à peine fait une vingtaine de pas lorsque je me sentis retenir par derrière : c'étaient
deux femmes qui venaient revendiquer leur
propriété. Elles assaillirent le ravisseur en

poussant de grands cris, et l'obligèrent à lâcher prise. J'en profitai pour rentrer dans ma
case où j'attendis, non sans anxiété, la fin de
cette lutte qui eût été funeste à l'auteur du
rapt, si nos arabes avaient reparu. Enfin mes
libératrices rentrèrent, et à leurs gestes expres-
sifs, je crus comprendre que cet homme m'entraînait pour me mettre à mort. Elles nous
apprirent que les Bédouins couraient la campagne pour rattraper les hommes qui s'étaient
sauvés, et qu'ils massacraient tous les Euro-
péens qui leur tombaient entre les mains. Elles
me recommandèrent de ne plus sortir. Je me
tins pour averti, et ne bougeai plus de mon
gîte de la journée. Ainsi je dois la vie à des
femmes arabes qui, vingt-quatre heures auparavant, étaient tombées sur nous comme des
furies. J'ai, du reste, remarqué chez ces peu-
plades quelques sentiments d'humanité, mais
alors seulement que rien ne pouvait tenter leur
cupidité. Je ne puis pourtant expliquer la conduite tenue à mon égard par ces femmes, qui
n'étaient, soit dit en passant, ni jeunes ni jolies, que par leur crainte de se voir frustrées
de la récompense promise.

Le vent était tout à fait tombé, et le temps,

qui était devenu clair, me permit d'apercevoir au large deux frégates et deux brigs comant sur la terre. Je les vis mettre en panne; plusieurs embarcations se dirigèrent sur le point de la plage où nos brigs étaient échoués. Dès que ce mouvement fut aperçu, les Bédouins de cette partie de la côte s'armèrent en toute hâte en poussant des cris de ralliement. Les dispositions du départ furent faites dans le village; les ustensiles furent sortis des cases et préparés à être enlevés. Les femmes chargèrent sur leur dos ceux de leurs enfants qui n'auraient pu les suivre. Il était évident que la tribu craignait et supposait un débarquement. Tous les Arabes descendaient des montagnes vers le rivage.

On nous renferma alors dans la case qui servait de magasin, la seule qui pût être fermée, et dégaînant son yatagan, notre hôte nous fit un discours dont nous comprîmes fort bien la conclusion. Il y allait de notre vie si nous faisions quelque tentative d'évasion pendant son absence. Notre calme le rassura, et il douta plus que jamais que nous fussions français.

Notre position se compliquait; si les embarcations tentaient de s'approcher des brigs et étaient repoussées, les Arabes, fiers de ce succès, pouvaient, dans l'ivresse de la victoire, recommencer leurs mauvais traitements ; si, au contraire, ils éprouvaient un échec, ils pouvaient s'en venger sur nous. Le résultat, quel qu'il fût, de cette expédition, devait donc nous être funeste. Ces réflexions et beaucoup d'autres du même genre se pressaient dans mon esprit, lorsqu'un coup de canon vint mettre un terme à mes préoccupations ; il était pour nous d'un fâcheux augure.

Mohamed rentra au commencement de la nuit ; il nous tendit de suite la main, et nous fit sortir de notre retraite ; il était évidemment content de lui et de nous. Nous étions encore une fois hors de danger.

Nous avons su depuis qu'ayant bien reconnu que les brigs étaient abandonnés, les embarcations, qui appartenaient à des bâtiments de la croisière, avaient pris le large.

Le coup de canon avait été tiré à bord du *Silène* par les Bédouins. Je reviendrai plus tard sur ce coup de canon qui fut probablement la cause du massacre d'une partie de nos camarades. Cette alerte ayant montré à

9

Mohamed qu'il était possible de monter à bord des bâtiments échoués, il forma le projet d'en enlever une partie des munitions, mais un guide lui était nécessaire pour faire ses recherches ; il intima à l'un de mes compagnons l'ordre de le suivre à la nuit. A l'heure désignée pour le départ, notre compagnon, déguisé en Bédouin, se mit en route avec trois Arabes. Quand il leur eut montré la partie du bâtiment où se trouvait la poudre, à bord de l'*Aventure,* il fut mis de faction sur le rivage, afin de donner l'alerte s'il entendait du bruit. Cela ne se fit pas attendre. D'autres Bédouins, attirés probablement aussi par l'appât du pillage, furent bientôt aperçus se dirigeant vers le brig. Mohamed et ses deux acolytes quittèrent de suite le navire et donnèrent une chasse vigoureuse aux importuns qui venaient ainsi le troubler.

Le lendemain, je fus chargé de faire des cartouches avec la poudre, alors à l'état de pâte, qui avait été retirée de l'*Aventure.* J'y mêlai à dessein celle de quelques fusées et feux de conserve ; mon brave hôte aura certainement lancé un fort joli feu d'artifice le jour où lui et les siens auront fait usage de mes munitions.

Je commençais à espérer que nous serions conduits à Alger. Les Arabes ne pouvaient nous garder longtemps sans nous faire travailler. Notre nourriture leur coûtait fort peu, il est vrai ; elle consistait en orge mondé au lait, ou en galette cuite sur la cendre. Ces aliments étaient les leurs ; nous ne pouvions nous plaindre que de la modicité de la ration ; celle-ci variait suivant l'appétit de nos commensaux Arabes qui mangeaient d'abord et nous passaient leurs restes.

Ce soir là, nous vîmes dans notre village quelques marins maures qui avaient été envoyés par le Dey pour le sauvetage de nos brigs. L'un d'eux, qui s'établit chez Mohamed, parlait italien. Il nous annonça que le Dey avait envoyé à notre recherche, et que le lendemain, nous serions probablement conduits à Alger. Effectivement, le 20, à la pointe du jour, nous nous mîmes en route, escortés par plusieurs Arabes. Nous avions pour tout vêtement une chemise et un pantalon, et quoique nous fussions sans souliers, nous partîmes avec l'intention de presser le pas afin d'être le plus tôt possible sous la protection de l'autorité. Nous ignorions, hélas ! à quelle distance

nous nous trouvions de la ville. Nous étions
ralliés en chemin par des bandes de nos camarades qui étaient aussi conduits à Alger ; avec
quel plaisir nous nous retrouvâmes ensemble !
Mais cette joie fut bientôt changée en tristesse
et en dégoût par la rencontre que nous fîmes de
cadavres sans têtes, qui nous donnaient l'ex-
plication des discours de nos hôtes sur les
dangers de la promenade.

Vers huit heures, nous rencontrâmes un détachement de soldats turcs envoyés à notre
recherche. L'officier qui les commandait parlait
français ; il nous apprit que onze des nôtres
étaient déjà rendus à Alger, et qu'une vingtaine
avaient été massacrés. Il nous assura que nous
n'avions plus rien à craindre désormais, et
après nous avoir dit que nous trouverions une
escorte de l'autre côté de la rivière Boberac,
il continua sa route. Vers dix heures, nous
passâmes à gué cette rivière, alors grossie par
les pluies ; le courant était tel que plusieurs
hommes faillirent être emportés. Nous fîmes
une halte sur l'autre rive, où nous trouvâmes
effectivement l'escorte qui nous avait été annoncée ; elle se composait d'un Turc qui nous
distribua quelques morceaux de biscuit et nous

donna quelques vêtements qu'il prit aux Bédouins. Ce Turc nous compta, et dès ce
moment nous cessâmes d'être au pouvoir des
Arabes.

Nous nous trouvions alors réunis au nombre de soixante-quinze ; les douze (onze et le
Maltais), que nous savions arrivés, formaient
un total de quatre-vingt-sept. C'était loin de
faire notre compte, et nous commencions à
craindre que le chiffre dès victimes ne fût plus
élevé que celui qui nous avait été donné. Nos
craintes n'étaient, hélas ! que trop fondées.

Après avoir fait une halte d'environ une
heure à ce point de ralliement, nous nous
remîmes en marche. Notre Turc, dont le nom
était Sidi-Ali, avait pour toute arme un bâton.
Les Arabes qui allaient réclamer notre rançon
nous suivirent. Le nombre de ces compagnons
augmenta à chaque village que nous rencontrâmes.

Nous marchâmes ainsi jusqu'à dix heures
du soir. La nuit était close quand nous fîmes
halte dans un vaste enclos au milieu duquel
un grand feu était allumé. Ce lieu avait été
choisi pour notre campement de nuit ; nous
formâmes le cercle autour du bûcher. La clarté

très vive qu'il répandait éclairait tout ce champ
dont la garde paraissait être confiée à des
Arabes formant une haie autour de nous.

Je n'entreprendrai pas de décrire les souffrances que nous avions éprouvées pendant cette
première journée de marche. Nous avions fait
au moins dix lieues, presque sans vêtements,
sans avoir reçu aucune nourriture et harcelés
sans cesse par les Bédouins qui profitaient de
l'éloignement de notre guide pour nous maltraiter. Cette marche fut on ne peut plus pénible ; car nous avions été obligés de la faire,
pieds nus, sur des cailloux, des plantes épi-
neuses et un terrain desséché par un soleil
ardent. Il avait fallu marcher cependant, car
les traînards étaient les plus maltraités. Notre
guide nous avait procuré deux chevaux sur
lesquels les moins vigoureux avaient monté
tour à tour.

Peu de temps après notre arrivée, on nous
fit une distribution de pain. Malgré la fraîcheur
de la nuit et une abondante rosée, je m'endormis dès que j'eus terminé ce modeste repas.

Lorsque le jour commença à poindre, nous
nous remîmes en route. Cette seconde étape
fut encore plus pénible que la première : j'a-

vais les pieds dans un état affreux. La douleur
que j'éprouvais quand je me tenais debout
m'empêchait de marcher. L'inégalité du terrain et sa nature rocailleuse augmentaient
encore ma souffrance qui ne cessa que quand
la fièvre me donna assez de force pour marcher.

La majeure partie de mes compagnons était
dans le même état que moi ; malgré les sages
représentations de Sidi-Ali, nous nous laissions
tomber sur la terre pour éprouver quelque
soulagement ; mais il fallait presque aussitôt
se remettre en route. Heureux encore quand,
se contentant d'une simple injonction, les Barbares qui nous accompagnaient et qui riaient
de nos tortures, n'employaient pas l'arme qu'ils
portaient. Et dans ces moments pénibles, où
l'on eût quitté la vie avec joie, il nous fallait
écouter les plaintes de nos matelots qui s'adres-
saient à nous comme à leurs protecteurs natu-
rels ! Nous ne pouvions, hélas ! que recevoir à
leur place les coups qui leur étaient destinés.

Vers deux heures de l'après-midi, on nous
fit faire une halte dans une vaste plaine du
fond de la baie d'Alger ; on nous fit une distribution de pain ; notre Turc poussa l'atten-

tion jusqu'à faire donner un plat de couscous-
sou aux officiers. Il y avait plusieurs jours
que je n'avais fait un repas aussi copieux.

Enfin, sur les quatre heures, après avoir
parcouru dans sa longueur la partie de la
plaine de la Métidja qui est située dans l'Est
d'Alger, nous nous trouvâmes sur la plage, à
trois milles de la ville. C'était un vendredi,
jour dominical des Musulmans ; toute la population était sur pied. Nous fûmes bientôt entourés par des Maures et des Turcs dont les
intentions parurent d'abord bienveillantes. La
joie qu'ils éprouvaient semblait occasionnée par
la vue d'un si grand nombre de prisonniers.
Mais, plus nous approchâmes de la ville, plus
le nombre des curieux augmenta, et leur conduite à notre égard changea bientôt.

Arrivés à la porte de Babazoun, nous fûmes
assaillis par une bande nombreuse d'Arabes
et de Nègres armés de yatagans et de faucilles
qu'ils firent brandir sur nos têtes ; les pierres
nous arrivèrent de toutes parts ; ce fut une
attaque générale.

Dans ce moment critique, où l'effervescence
de la populace était portée à son comble, M.
Meardi, médecin attaché au consulat de Sar-

daigne, sortit de la ville pour nous protéger. Son intervention nous fut d'un grand secours. Quelques-uns de ces Barbares, incapables d'apprécier la générosité de sa conduite, ne craignaient cependant pas de lui répondre par des insultes et par des coups.

Pendant tout le temps que dura notre captivité, le docteur Meardi ne démentit pas un seul jour la haute estime que je conçus de lui dans ce moment critique. Ses soins ne nous firent pas défaut un seul jour. Il exposa plusieurs fois sa vie pour nous procurer quelque soulagement dans les moments les plus difficiles, et, malgré les défenses du Dey, il réussit à venir nous donner ses soins.

Honneur à M. Meardi! Un semblable dévouement est au-dessus de tout éloge.

Nous suivîmes le fossé du Sud pour entrer dans la ville par la porte de la Casauba. Le nombre de nos assaillants augmentait à chaque pas; ils se ruaient sur nous en criant: « *Taillar cabesa (on te coupera la tête).* » Nous comprenions parfaitement ce langage, et il est surprenant que, dans un semblable moment d'effervescence, ces menaces n'aient pas été mises à exécution : on se contenta de nous

9.

maltraiter. Afin de n'être pas séparés, nous
nous plaçâmes sur deux rangs, donnant le
bras à notre voisin, et tenant notre chef de file
de la main que nous avions libre; la masse que
nous formions ainsi était compacte et difficile
à entamer.

Maltraités par les hommes, insultés par les
femmes qui nous crachaient au visage, nous
fûmes littéralement portés par ce flot de populace jusque devant le palais du Dey. Là, ac-
cablés de fatigue, en proie à des émotions sans
cesse renaissantes, quelques Français tombèrent sur le pavé de la rue; si leurs forces les
eussent abandonnés quelques minutes plus tôt,
ils étaient massacrés.

La scène changea tout-à-coup. La populace
fut dispersée par les gardes, et le silence le
plus profond succéda aux vociférations qui
nous avaient accompagnés depuis notre entrée
dans la ville. Un spectacle affreux et révoltant
nous fut offert : les têtes défigurées et sanglantes
de nos infortunés camarades jonchaient la terre,
éparses çà et là devant le palais ! Il y avait de
quoi succomber à tant d'émotions (1).

(1) Dans une lettre qu'il écrivit au Dey quelques jours après, M.
Dassigny lui reprocha avec dignité sa barbarie. Le Dey lui répondit

On nous compta de nouveau et nous nous remîmes en marche escortés par des gardes. Après avoir parcouru quelques rues qui étaient entièrement désertes, nous entrâmes dans le bagne où étaient déjà douze naufragés au nombre desquels était le capitaine Bruat. Nous acquîmes alors la triste certitude que le chiffre des victimes était beaucoup plus élevé que celui qui nous avait été indiqué. Nous étions réunis au nombre de quatre-vingt-sept, et le 16 au soir, au moment de notre séparation, nous étions deux cents!

Mes forces étaient épuisées; mon courage m'abandonna. Il ne pouvait me rester aucun doute. Plusieurs de mes camarades et des hommes auxquels j'étais attaché avaient perdu la vie! Je tombai sur un banc et je fondis en larmes : la porte de la prison se referma sur nous! Devais-je franchir cette barrière, qui me tenait emprisonné avec tous les malfaiteurs du pays?

M. le comte d'Attili, consul de Sardaigne,

---

qu'il avait été obligé de se conformer à l'usage de laisser les têtes des ennemis exposées pendant trois jours, mais qu'il autorisait leur enlèvement après ce temps. Elles furent ensevelies par les soins de M. le consul de Sardaigne.

accompagné de M. Pedrozo, son chancelier,
vint nous voir le lendemain matin. Il nous ap-
portait des objets de première nécessité, et nous
annonça qu'une corvette sarde, alors sur rade,
se chargeait de nos lettres (1).

Trente-sept marins du commerce, faits prisonniers depuis la déclaration de guerre, se
trouvaient déjà au bagne, ainsi que trois Grecs :
ceux-ci y étaient depuis sept ans. Nos autres
compagnons étaient cinq renégats espagnols,
une cinquantaine de Kabyles enchaînés, mais
placés dans une autre salle que nous, et une
vingtaine d'animaux de diverses espèces, lions,
tigres, etc., dont la présence viciait encore l'air
naturellement fort malsain de la prison.

Le Dey nous envoya à chacun un costume
complet d'esclave. Nous acceptâmes pour les
matelots, mais nous renvoyâmes ceux qui
étaient destinés aux officiers. Nous fîmes acheter des étoffes légères par le consul sarde, et
chacun, matelots et officiers, se confectionna
un vêtement.

_____

(1) Le consul d'Angleterre nous fit faire des offres de service; dans
notre position nous devions tout accepter. Nous refusâmes cependant
une offre faite d'une manière si banale, et par une personne qui ne
daignait pas nous visiter. Nous eûmes peu à nous louer, du reste, de
ce fonctionnaire.

Le logement qui nous fut affecté était composé d'une petite chambre qui recevait le jour par une fenêtre grillée donnant sur la rue, et d'une salle beaucoup plus vaste dont le plafond était supporté par une double rangée de colonnes. Sur le même palier, mais à l'extrémité d'une longue galerie, était le logement des galériens. La ménagerie se trouvait dans la cour.

Jusqu'au jour du débarquement de l'armée française dans la baie de Sidi-el-Ferruch, notre position fut supportable. Grâce à M. et à Mme d'Attili, notre table était assez abondamment pourvue; nous avions de l'argent dont notre geôlier en chef, Ali, ne faisait pas fi, non plus que du vin que nous lui faisions boire. Parfois, avec la permission de l'Aga, nous allions chez les consuls qui s'étaient tous retirés à la campagne. Nous faisions ces promenades le plus rarement possible, parce qu'elles nous valaient toujours quelques insultes. Il n'y avait pas une femme, pas un enfant qui ne nous criât aux oreilles ces mots avec lesquels nous commencions à nous familiariser : *Taillar cabesa.*

Deux jours après notre arrivée, on nous amena deux marins de nos équipages. L'un d'eux se trouvait sixième dans une case où un Arabe, par forme de passe-temps, se prit à frapper un de ses prisonniers. Notre marin, remarquable du reste par sa grande taille, indigné d'une semblable conduite, s'empara d'une fourche qui se trouva sous sa main, et, se précipitant sur le lâche qui avait fait couler le sang, il lui enfonça une des branches de sa fourche dans la gorge et le terrassa. Un autre prisonnier s'empara d'une hache dont une femme se servait en ce moment pour fendre du bois; cette malheureuse ayant jeté un cri d'alarme tomba aussi sous ses coups. Les six Français prirent alors la fuite. Après avoir eu à se défendre contre quelques Bédouins accourus aux premiers cris, les deux arrivants étaient parvenus à gagner un petit bois dans lequel ils étaient restés cachés pendant trente-six heures. Ils s'étaient ensuite acheminés séparément vers le rivage, où ils avaient été recueillis, presque sans vie, par des Turcs qui les conduisirent à Alger. On n'entendit plus parler de leurs quatre camarades.

L'arrivée inopinée de ces deux marins nous donna un peu d'espoir. Nous fîmes distribuer de l'argent pour qu'on effectuât des recherches et nous promîmes une récompense honnête à quiconque nous ramènerait un Français.

Le cinquième jour, on en amena un; ce fut le seul.

Les têtes exposées devant la Casauba avaient été comptées avant d'être inhumées; il y en avait cent neuf. Nous étions quatre-vingt-dix; le Maltais, qui, aussitôt son arrivée, avait été réclamé par le consul d'Angleterre, complétait bien le chiffre de notre effectif. Il ne pouvait plus rester aucun espoir sur le sort des absents.

Après avoir échappé presque miraculeusement au naufrage, cent neuf personnes, officiers et marins des deux brigs, devaient être inhumainement massacrées.

Le motif qui poussa les Kabyles à assassiner nos malheureux camarades est resté inconnu. Je ne puis croire toutefois qu'ils eussent commis ce crime de sang-froid sans le concours de plusieurs circonstances qui, toutes, ont tourné contre nous. Plusieurs marins avaient réussi à se sauver de leur case; repris bientôt, ils avaient été mis à mort. Les Arabes qui nous gardaient ne nous nourrissaient que dans l'espoir d'une récompense; chaque évasion leur enlevait deux cents piastres. La décapitation ne leur en procurait que la moitié. Les tentatives d'évasion peuvent donc être considérées comme la première cause du massacre. L'apparition de la division française sur la côte dut être la seconde. Le coup de canon tiré dans ce moment fut pour beaucoup un signal de mort. Enfin, le petit combat qui eut lieu dans une case, et dans lequel un Kabyle et une femme furent tués, dut porter l'exaspération parmi les Bédouins des environs.

Le 12 juin, un brig anglais mouilla dans la baie d'Alger; nous reçûmes la visite de plusieurs officiers.

Le lendemain 13, nous apprîmes qu'une escadre française venait de mouiller dans la baie de Sidi-el-Ferruch. Le Dey donna aussitôt l'ordre de nous enchaîner deux à deux. On nous annonça que nous allions sortir de la ville pour occuper un bâtiment situé entre la Casanba et le Fort de l'Empereur.

Les nombreuses émotions que j'éprouvais depuis quelques jours m'avaient tellement endurci que cet ordre ne produisit aucun effet sur moi; je m'étais d'ailleurs familiarisé avec l'idée de l'enchaînement. Au milieu de la chambre que nous occupions se trouvait un billot dont l'usage ne pouvait être équivoque ; je posai la jambe sur ce meuble avec une philosophie que beaucoup de mes compagnons n'eurent pas dans cette pénible circonstance.

On nous laissa la faculté de choisir notre compagnon de chaîne : je fus accouplé à M. Béchon de Caussade, élève de première classe du *Silène*. Lorsque l'opération fut terminée, une longue corde fut passée dans un des chaînons de chaque couple, et nous nous mîmes en marche.

Les rues étaient presque désertes ; tous les hommes s'étaient rendus à leur poste de bataille ; mais les femmes, les enfants et les nègres esclaves nous assourdissaient par leurs cris et nous injuriaient ; les plus acharnés se jetaient même sur nous et nous maltraitaient.

Le bâtiment où l'on nous conduisit servait d'écuries et de magasins d'approvisionnements. Nous fûmes entassés, au nombre de cent vingt-sept, dans une galerie voûtée ayant vingt mètres de long sur quatre de large ; quatre-vingt mètres pour cent vingt-sept personnes enchaînées, ou soixante-deux centimètres pour chacune !

Notre ration de vivres fut réduite de moitié ;

on nous donna, deux fois par jour, un pain dur et grossier, dans la confection duquel il n'entrait, je crois, que du son, et qui pouvait peser deux cents grammes. De l'eau en très petite quantité complétait notre repas.

Nous couchions sur la terre; on ne nous donna pas même un peu de paille pour étendre sous nous; nos chaînes nous servaient forcément de matelas et d'oreillers. L'atmosphère de notre nouvelle habitation était fétide, car les murs étaient imprégnés de miasmes infects qu'augmentaient l'agglomération d'un si grand nombre de personnes dans un local si réduit et l'obligation d'y satisfaire tous nos besoins. Cette situation, fort triste, n'altéra pas un moment la gaîté des prisonniers. Des chants patriotiques et grivois retentissaient sous ces voûtes, au grand ébahissement de nos gardes qui nous regardaient par les fenêtres grillées de notre habitation.

Des scènes de comédies servaient d'intermèdes. Lorsque la nuit arrivait, afin d'éloigner toute réflexion, toute tendance des esprits vers la tristesse, nous racontions des contes. M. Dassigny était le grand conteur de la bande. Et lorsque l'oppression de la respiration et

l'immobilité de l'auditoire indiquaient au conteur qu'on ne l'écoutait plus, que les souffrances étaient oubliées pour quelques heures,
les officiers, plus malheureux que ces infortunés sur lesquels ils avaient à veiller, de l'existence desquels ils répondaient en quelque sorte,
alors, les officiers se serraient la main, sans
oser se dire : *à demain*.....

Le 20, on nous amena un matelot de l'*Ar-
témise ;* il avait été pris se promenant en dehors du camp établi sur la presqu'île de Torre-
Chica. Son corps ne formait qu'une plaie.
Nous recevions presque tous les jours la visite
de notre bon docteur Meardi. Il venait soigner
nos malades et nous donner des nouvelles.
Nos gardes ayant fini par lui interdire de nous
adresser la parole, nous fûmes obligés d'établir
un langage par signes.

Notre geôlier Ali, tout en voulant empêcher
qu'on nous apprît ce qui se passait, nous mettait lui-même sur la voie. Nous savions par
lui quand on s'était battu, car il s'empressait
de nous annoncer que les Arabes qui, d'après
lui, étaient toujours vainqueurs, venaient de
remporter une victoire. Ses récits étaient tellement comiques qu'il nous fallait faire les plus

grands efforts pour ne pas être pris d'un fou
rire; et quand nous paraissions douter de sa
véracité, il s'emportait et nous disait que nous
allions avoir la preuve de ce qu'il avançait par
l'arrivée de nombreux prisonniers qui, bien
entendu, n'arrivaient jamais.

Le jour où le débarquement fut effectué, il
nous dit qu'il ne serait pas difficile de battre
les Français puisqu'ils étaient enchaînés. Cette
idée lui vint probablement de ce qu'on ne vit
pas nos troupes se débander aussitôt qu'elles
furent à terre. Une autre fois, il nous demanda
comment les Français faisaient marcher les
hommes de bois qu'ils avaient devant eux ;
il voulait sans doute parler des gabions. Un
jour, après avoir annoncé que vingt mille Français avaient mis bas les armes et demandé
grâce, il nous apporta un shako et une capote
qu'on avait promenés dans toute la ville
comme des trophées.

Cependant l'armée française avançait toujours, et le Dey, craignant qu'on ne vînt nous
délivrer, nous fit rentrer dans la ville. Pendant ce trajet pénible, nous fûmes encore en
butte aux mauvais traitements de la populace.
On nous renferma de nouveau dans le bagne ;

seulement, cette fois, on nous entassa dans un
cachot obscur et non aéré qui avait dû être
autrefois une église dont on avait muré les
fenêtres, et qui était occupée par les Kabyles
que nous remplaçâmes ; c'était la salle des
galériens. Une couche de paille, presque totalement pourrie, en couvrait le sol humide.
Nous nettoyâmes cet antre infect avant de nous
y établir. L'air et le jour n'y pénétraient que
par une petite ouverture grillée donnant sur
la galerie. La chaleur y était tellement grande
qu'il nous était impossible de conserver nos
vêtements, et nos lèvres brûlantes étaient constamment collées contre les fentes de la porte.
Cet air lourd et vicié et la mauvaise qualité de
la nourriture ne tardèrent pas à occasionner
quelques maladies.

Le 28, on nous amena cinq prisonniers :
c'étaient deux soldats et trois ouvriers d'administration.

Le 3 juillet, nous entendîmes une canonnade
très vive et très rapprochée. Nous sûmes que
c'était l'escadre qui avait défilé le long des
forts de la côte.

Le 4, sur les dix heures du matin, pendant
que nous faisions notre déjeûner frugal, en

devisant sur les évènements de la veille, notre prison fut ébranlée par une commotion violente. Notre porte, quoique vérouillée, s'entr'ouvrit; le plâtre, la poussière et les toiles d'araignées qui, depuis des siècles, tapissaient les murs et le plafond, furent détachés et obscurcirent, pendant quelques secondes, le jour douteux qui pénétrait jusqu'à nous. Nous crûmes qu'une bombe était tombée sur notre terrasse. Le désordre se mit parmi nous; chacun voulut chercher un abri, mais nos chaînes nous retinrent et s'engagèrent; bientôt nous fûmes tous entassés au milieu de la prison, attendant avec anxiété que le projectile fît explosion. Ce moment tant redouté n'arrivant pas, l'ordre se rétablit; on chercha la bombe, cause de cette panique; il n'y avait rien, pas même un boulet. Je laisse à penser combien nous dûmes rire de notre frayeur; le soir seulement, nous sûmes que l'explosion du Fort de l'Empereur avait produit cette secousse qui fut ressentie dans toute la ville.

Dans la soirée, un chirurgien maure vint nous offrir ses services; nous les acceptâmes. Le Dey se rappelait, après six semaines, que nouspouvions avoir besoin des secours de l'art.

Au commencement de la nuit, on nous enleva nos chaînes!.....

Et bientôt notre digne docteur Meardi fut parmi nous. Il nous apprit que des commissaires, munis des pouvoirs du Dey, avaient été envoyés au général en chef de l'armée française pour traiter de la paix.

On se figure quelle dut être notre ivresse! Nous allions être rendus à la liberté! Nous allions revoir nos familles! Nous parcourions en tous sens, sans but et machinalement, la galerie qui précédait notre prison. Nous nous embrassions à chaque rencontre ; nos visages reflétaient des pensées diverses. Moi, j'étais fou, ou menacé de le devenir. Aussi nos gardes jugèrent-ils prudent de nous faire rentrer et de nous renfermer dans notre réduit. Combien fut longue cette dernière nuit qu'il nous fallut passer dans ce cachot!

Le lendemain matin, 5 juillet, les portes de la prison furent ouvertes : nous étions libres! La paix était conclue, et notre mise en liberté en était la première condition (1).

Les deux capitaines se rendirent auprès du

(1) Cent trente-neuf Français furent délivrés par l'expédition. Parmi eux étaient M. Dassigny ; M. Bruat, mort amiral ; l'enseigne de vais-

général en chef qui les avait demandés. Les autres naufragés s'acheminèrent vers la maison du consul d'Angleterre qui nous avait été offerte. Les troupes françaises n'étaient pas encore dans la ville, et cependant nous ne rencontrâmes pas un seul habitant. Ce fut un grand bonheur, car notre délivrance nous avait rendu le souvenir du passé, et nous avions des projets de vengeance que nous ne pûmes mettre à exécution.

Les troupes françaises entrèrent dans la ville à midi. Quelles douces émotions je ressentis en voyant des compatriotes qui étaient mes libérateurs ! Je dirais difficilement ce que j'éprouvai à la vue d'un régiment qui défila devant moi, musique en tête.

J'allai visiter l'arsenal. Aidé de quelques matelots qui m'y avaient accompagné, je fis amener le pavillon de tous les navires algériens qui se trouvaient dans le port.

Cependant, nous étions sans nouvelles de nos capitaines ; je pensais que nous étions oubliés. Nous n'avions pas reçu de vivres de la journée ; notre joie ne nous faisait pas perdre la mémoire

---

seau O. Troude, aujourd'hui officier supérieur en retraite ; l'enseigne de vaisseau auxiliaire Barnel, et les élèves de première classe Bonard, mort récemment vice-amiral, et Chabrol.

à cet égard. L'absence des deux capitaines me donnait le commandement du détachement; c'était donc à moi qu'on s'adressait. Je me décidai à faire demander des vivres au général en chef. Je chargeai l'élève Caussade de lui faire connaître notre position. Ce ne fut qu'après beaucoup de difficultés que l'entrée de la Casanba fut permise à mon envoyé; le général de Bourmont lui répondit qu'il ne pouvait nous donner des vivres.

Nous en reçûmes cependant vers cinq heures du soir; mais ce fut M. Meardi qui nous les apporta. Appréciant mieux notre position que nos capitaines qui, depuis le matin, étaient à la campagne du consul de Sardaigne, ce bon docteur nous arriva avec un âne chargé de toutes sortes de comestibles.

MM. Dassigny et Bruat revinrent le soir et nous annoncèrent que nous partirions le lendemain.

Le bateau à vapeur le *Sphinx*, qui était rentré dans le port, nous envoya ses embarcations, et au jour, nous quittâmes cette terre de douleur pour retourner dans notre patrie. Nous fûmes répartis sur quatre bombardes qui retournaient à Toulon.

10

Il était écrit que nous ne devions pas mourir sur cette terre inhospitalière. Pendant le peu de jours que nous passâmes hors de la ville, le plafond de la salle que nous occupions s'écroula, et nous étions à peine entrés à Alger que l'explosion du Fort de l'Empereur abattit le bâtiment dans lequel nous étions renfermés en dehors de l'enceinte.

Je ne terminerai pas ce récit sans rendre hautement justice au sang-froid et à la présence d'esprit du capitaine Bruat. L'idée qu'il eut de nous faire passer pour Anglais, pendant que nous étions dans l'intérieur, nous sauva. Arrivé le premier à Alger où il avait été conduit le lendemain même du naufrage avec le Maltais qui lui servait d'interprète, le capitaine Bruat avoua au Dey d'Alger que nous étions Français. Son caractère décidé fut la cause première de la bonne discipline de nos équipages, parmi lesquels un mouvement insurrectionnel se manifesta le lendemain de notre arrivée au bagne. Ce mouvement n'eut pas de suite, grâce à la fermeté dont le capitaine Bruat fit preuve dans cette circonstance difficile.

Nous arrivâmes à Toulon après une traversée de douze jours; nous fûmes soumis à une quarantaine de vingt jours. Le ministre de la marine, M. d'Haussez, fit mettre à notre disposition tout ce dont nous pouvions avoir besoin. Cette bienveillance du ministre fut partagée par toutes les classes de la société; on sympathisait aux maux que nous avions soufferts. Les dames de la halle nous témoignèrent un intérêt tout particulier; chaque jour, une quête pour les naufragés était faite par elles dans la ville. Des uns elles recevaient des vivres; les autres leur donnaient du tabac, des effets d'habillement, et ces objets nous étaient envoyés au Lazaret. Ayant appris que les officiers ne participaient pas au partage de ces objets, elles envoyèrent une députation. Ces dames me témoignèrent le regret que leur faisait éprouver notre refus d'accepter leurs dons. L'assurance que je leur donnai que nous étions abondamment pourvus de tout ce qui nous était nécessaire ne les satisfit pas. Elles me prièrent de m'adresser à elles si, plus tard, quelque chose nous manquait.

La véritable position des deux brigs, au moment de l'échouage, était : latitude, 36° 53' 12''; longitude, 1° 23' E.

Cinquante-six hommes de l'*Aventure* manquaient au retour en France. De ce nombre étaient MM. Delorme, enseigne ; de Chabrol, élève de première classe, et Etienne, chirurgien.

Cinquante hommes du *Silène* avaient aussi péri. Parmi eux étaient MM. Raynal, enseigne; Hardisson, enseigne auxiliaire ; Lavaud, agent-comptable; Sénès, docteur, et Sergent, élève de première classe. »

Le récit qui précède est puisé : 1° dans le rapport adressé, le 23 mai 1830, par le capitaine Dassigny au ministre de la marine et des colonies, et inséré dans les *Annales maritimes et coloniales, partie non officielle* (t. 42, pages 711-723); 2° dans une brochure publiée ensuite par cet officier, sous ce titre : *Naufrages des bricks l'Aventure et le Silène*, Toulon, J. Baume (s. d., 71 pages in-8°); 3° et principalement dans une relation circonstanciée du naufrage et de ses suites, rédigée peu de mois après par M. O. Troude, alors que ses souvenirs étaient récents et sûrs.

LE BRIG LA *BRESSANE*

EN DANGER PENDANT SEPT JOURS

———

Parti de Brest le 20 août 1830, le brig la *Bressane,* commandé par le lieutenant de vaisseau Lespert, était arrivé le 16 septembre suivant à l'île Saint-Pierre de Terre-Neuve. Retenu sur cette rade jusqu'au 21 par des vents d'Est et un coup de vent de la même partie, il appareilla le lendemain matin à la naissance d'une brise du N.-O. qui varia du O. au O.-S.-O., bon frais et beau temps, ce qui lui permit de prolonger la terre à jolie distance et de prendre connaissance le lendemain de celle aux environs du cap Raze, d'où le capitaine Lespert dirigea la route pour passer à une trentaine de milles dans l'E. de l'île aux Oiseaux.

Le 25 septembre, au matin, le brig fut as-

10.

sailli par un violent coup de vent du N.-O. au
N.-N.-O.; la mer devint très grosse. La *Bressane*, qui jusqu'alors n'avait pas fait d'eau,
fatiguait tellement qu'elle en faisait de six à
huit pouces à l'heure. Le baromètre descendu
très bas et l'état du ciel qui annonçait que le
vent n'était pas encore dans toute sa force, décidèrent le capitaine Lespert à réunir en conseil
les officiers du brig. Il fut décidé unanimement
qu'il fallait laisser arriver pour fuir devant le
temps, sauf à revenir sur le croc une fois le
coup de vent passé. Il était 10ʰ quand on laissa
porter. La *Bressane* s'en trouva bien et ne faisait plus d'eau. Le grand hunier aux bas ris et
la misaine étaient indispensables afin de rendre
la vitesse du brig assez grande pour qu'il fût
retiré des lames.

A midi, il ventait tempête; la mer était mons-
trueuse. La *Bressane* fuyait très bien lorsqu'à
2ʰ elle se remplit par l'avant, et peu s'en fallut
qu'elle ne sombrât. Les faux sabords, qui n'é-
taient point ouverts, furent défoncés. Le commandant ordonna aussitôt de jeter à la mer
l'ancre du bossoir de bâbord qui se trouvait
encore sur le bord. Deux caronades et deux
canons de l'avant furent aussi jetés à la mer;

plusieurs pièces à eau, également de l'avant,
furent vidées afin d'alléger cette partie du brig
et de le faciliter à se relever.

On put dès lors fuir avec avantage, et tout
portait à croire que le bâtiment supporterait
ainsi la force du temps, quand vers les 6^h
45^m il reçut par sa hanche de bâbord un coup
de mer si terrible qu'il enleva tout ce qui était
sur son passage. Presque tout l'équipage fut
emporté dans les débris sous le vent ou jeté à
la mer. On regarda comme un bonheur de n'a-
voir à déplorer que la perte de huit hommes,
parmi lesquels étaient quatre maîtres chargés,
car plusieurs autres furent retirés de l'eau par
les soins de l'état-major et de l'équipage. La
roue, le gouvernail, l'habitacle furent brisés et
emportés à la mer; toutes les jambettes, les
pavois, les bastingages des deux bords et une
partie du plat bord de l'arrière à tribord furent
aussi enlevés. Enfin le brig vint en travers
bâbord au vent, et, en raison de la grande
quantité d'eau qui était sur le pont sous le vent
et dans la cale du même bord, il menaçait de
ne plus se relever. Une forte voie d'eau, qui
le remplissait par l'arrière sous le vent, détermina le capitaine Lespert à faire couper

le mât de misaine dont la chute entraîna, comme il l'avait prévu, celle du grand mât de hune. Le bâtiment se redressa aussitôt assez pour permettre de faire jouer les pompes et d'établir une chaîne pour vider l'eau par la claire-voie de l'arrière. La brigantine avec deux ris fut bordée pour ranger le navire au vent, et 1ʰ 30ᵐ après, on s'était rendu maître de l'eau. Alors on s'occupa de couper tout ce qui pouvait retenir la mâture le long du bord et de déblayer le pont, autant que le permettaient l'obscurité et l'état de la mer qui le couvrait à tout moment de l'avant à l'arrière. M. Turquet, chirurgien du brig, eut la jambe gauche cassée ; toutes les autres personnes de l'état-major et de l'équipage, plus ou moins blessées, restèrent toute la nuit près du commandant sur une partie de l'avant du brig, seul endroit qui offrît un peu d'abri contre la fureur des lames.

Enfin le jour, qui ramena un peu de tranquillité dans l'atmosphère, vint éclairer le capitaine Lespert sur sa malheureuse position, et le convaincre que si le brig était resté un peu plus longtemps couché sur le côté de tribord, il eut infailliblement coulé en se remplissant par une ouverture de plusieurs pieds qui existait dans le plat bord de tribord. Le commandant désigna un certain nombre d'hommes et des officiers pour sauver le plus possible des débris du grément, boucher toutes les issues par lesquelles l'eau pouvait entrer, puis il s'assura de l'état des vivres qui avaient peu souffert, après quoi il attendit un moment favorable pour mâter le brig. La *Bressane* était si peu élevée sur l'eau depuis la disparition des pavois que le pont était toujours couvert d'eau, ce qui obligeait à avoir tous les panneaux constamment condamnés.

Le 27 au matin, on put démarrer les drômes pour avoir le mât de hune qui fut assujetti au tronçon de celui de misaine, son pied portant sur le traversin des bittes. A peine cette opération fut-elle terminée, que le vent et la mer s'élevèrent de nouveau avec force, et qu'il tomba beaucoup de pluie, ce qui obligea à fermer partout et à attendre jusqu'au 28 au matin pour reprendre les travaux qui marchaient très lentement, vu le manque de travailleurs et les souffrances que tous éprouvaient.

Le 29, on eut la possibilité de guinder un mât de perroquet devant, de hisser la vergue,

d'installer sa voile, et, balançant la voilure, on
fit route pour l'Europe, les vents régnant étant
presque toujours du S.-O. au N.-O. M. Hervé,
chef de timonerie, embarqué comme officier,
fit confectionner, avec l'agrément du commandant, un gouvernail de fortune à la traîne qui,
provisoirement, fut très utile dès qu'il fut mis
à l'eau, le 1ᵉʳ octobre, et au moyen duquel le
brig tint à un quart d'un bord sur l'autre de
la route. On installa un perroquet pour grand
hunier, et l'on s'occupa alors de confectionner,
avec toutes les ressources dont on pouvait
disposer, des pavois et des garde-corps. Ainsi
disposée, la *Bressane,* ayant le vent par le travers, avec un temps maniable et une mer ordinaire, filait encore de quatre à cinq nœuds.
Mais le 2 octobre, à 11ʰ du matin, par un
temps couvert et pluvieux qui n'avait pourtant aucune mauvaise apparence, — la brise
était très maniable, — elle fut assaillie tout à
coup, sans que rien l'annonçât, par une violente tourmente de l'E.-N.-E. qui, bien que
toutes les voiles eussent été carguées à temps,
priva en un instant de toute sa nouvelle mâture
le brig qui, n'ayant pas obéi à son gouvernail,
était resté en travers au vent. Le mât de hune

fut cassé, le mât de perroquet de l'arrière qui ne dépassait le chouque que de trois pieds fut brisé, le petit foc fut mis en lambeaux. Enfin, le tourbillon était si fort que le brig était couché sur tribord, de manière à se remplir par les panneaux s'ils n'avaient été constamment condamnés. Les nouveaux pavois sous le vent furent en grande partie enlevés, et par ce dernier accident, la *Bressane* fut réduite à sa grande vergue que le commandant fit installer en mât à pible sur lequel furent de nouveau établis un perroquet et la vergue de hune que l'on avait sauvée ; un grand foc servit de grande voile d'étai, un perroquet de grande voile, et un artimon fut envergué sur la corne qui était rompue. Ainsi disposé, le brig, qui ne faisait que peu d'eau et avait pour près de deux mois de vivres, était de nouveau en état de faire route pour le premier port d'Europe.

Le 10 octobre, il fut accosté par un trois mâts anglais, l'*Endeavour*, qui ne put lui donner aucun secours en mâture. Trois jours après, le brig l'*Augia*, de Jersey, capitaine Gédéon Le Bas, qui était au vent, s'étant aperçu de l'état de détresse où était la *Bressane*, laissa porter sur elle et vint offrir ses services au

capitaine Lespert qui lui donna une reconnaissance de deux cents francs en échange d'une
vergue et d'un mât de hune. Les jours suivants,
d'autres navires anglais vinrent aussi faire leurs
offres de services au capitaine qui, mettant à
profit les ressources dont il pouvait disposer,
fit le plus de chemin qu'il put à l'Est. Arrivé
à l'entrée du golfe, c'est-à-dire par les 16° de
longitude O. et les 45° de latitude N., il trouva
des vents presque constants du N.-E. à l'E.,
ce qui l'obligea d'aller plus au Sud qu'il ne
l'aurait voulu ; mais il lui était impossible de
prendre la bordée du Nord, parce que tout ce
que la *Bressane* pouvait faire c'était de gouverner à sept quarts et demi du vent, ayant de
15 à 20° de dérive dès que la mer était un peu
grosse.

Le 28, le brig se trouvant par 43° de latitude
observée et 12° 49' de longitude O., le vent
soufflant bon frais et paraissant vouloir se
maintenir en amont, le commandant assembla
de nouveau ses officiers, et après leur avoir fait
part de ses observations sur la situation du
bâtiment, il leur exposa que, vu la saison
avancée et l'impossibilité de gagner au Nord,
tant que les vents tiendraient de la même

partie, il lui semblait convenable d'atterrir au plus tôt, en quelque endroit que ce fût. On décida unanimement qu'il fallait faire route pour Porto puisqu'on ne pouvait atteindre Vigo, et que dans le cas où l'on serait sous-venté de Porto, on se dirigerait sur Lisbonne. Dans la nuit, la terre fut aperçue, et au jour on la prolongea, par une jolie brise de N.-N.-E. qui conduisit le brig jusque devant Vianna, où il fut pris de calme, à 8ʰ 30ᵐ du matin. Apercevant de forts brigs au mouillage, le capitaine Lespert fit arborer nos couleurs et tirer un coup de canon qui fit venir un pê-cheur, lequel donna l'assurance d'entrer le brig, en attestant que la barre de Porto était souvent impraticable. Le commandant s'étant alors décidé à manœuvrer pour entrer à Vian-na, le pêcheur lui fit observer qu'il serait préférable qu'il *arborât pavillon anglais,* ce à quoi il se refusa. Vers les 10ʰ, le pilote du Roi vint se mettre au vent pour rallier le bord. Mais, dès qu'il eut reconnu les couleurs du brig, et malgré les signaux qu'on lui faisait pour le décider à accoster, il s'enfuit en criant au pêcheur qu'il ne devait pas entrer le brig, *que tels étaient ses ordres.* Comme le vent pre-

nait de nouveau faveur du N.-O. au N.-N.-O.,
qu'il ventait déjà bon frais, que le temps se
couvrait beaucoup dans cette partie de l'horizon , qu'enfin l'on pouvait présumer que
l'entrée de Porto serait refusée également, en
admettant que la barre fût praticable, le commandant se détermina à faire route pour Lisbonne où il entra sans pilote dans la nuit du
30 au 31, et d'où il adressa le jour même au
ministre de la marine un rapport circonstancié
de sa périlleuse navigation, rapport signalant
les services qu'avaient rendus en ces pénibles
circonstances M. le lieutenant de vaisseau Le-
conte, passager à bord, M. Mancel, officier
chargé du détail (1), M. Keroch , enseigne
auxiliaire, le chef de timonerie Hervé, les vo-
lontaires Mer et Babron, M. Homery, commis
auxiliaire d'administration, et M. Vouvé, chirurgien non entretenu, qui, bien que passager
et grièvement blessé aux deux pieds, n'en avait
pas moins prodigué ses soins aux nombreux

---

(1) Cet officier, excellent observateur, et qui, d'après le rapport du
capitaine Lespert, avait déterminé de bonnes longitudes, avait, pendant la traversée de la *Bressane*, fait confectionner, avec les débris
de sa mâture, un gouvernail à la *Packenham* qui avait rendu tous les
services qu'on en pouvait attendre.

malades et blessés, notamment à son confrère
M. Turquet, qui aurait vraisemblablement succombé sans lui. L'équipage fut aussi recom-
mandé à la bienveillance du ministre, mais
plus spécialement le quartier-maître de manœuvre Lallemand et le matelot Jouan, qui
s'étaient exposés pour assurer la conservation
du grand mât, dernière ressource du brig. Le
ministre eut égard à toutes les demandes du
capitaine Lespert; seul il fut oublié dans la
distribution des récompenses.

NAUFRAGE DE LA GOËLETTE LA *DORIS*

———

La goëlette de l'État la *Doris*, commandée par le lieutenant de vaisseau Jules Lemoine, partie du Fort-Royal, le 28 juillet 1845, après une longue et laborieuse station dans les mers des Antilles, ralliait le port de Brest. Elle était montée par cinquante-huit hommes d'équipage et ramenait neuf passagers. La traversée avait été pénible, mais la vue de cette terre de France, si ardemment souhaitée, avait ramené la joie au cœur de l'équipage, épuisé par une longue navigation et par les périls auxquels il avait échappé à la hauteur des Açores où, durant plusieurs jours, il avait été assailli par de violentes tempêtes. Quelques minutes encore et la *Doris* mouillait sur rade ! En effet, elle avait déjà franchi les passes du goulet ;

elle courait grande largue , refoulant avec peine, sous toutes voiles, un fort jusant ; sa voile de fortune venait d'être carguée ; on se disposait à laisser tomber l'ancre, quand tout à coup survient une irrésistible bourrasque de O.-S.-O. accompagnée d'un grain violent. Prise en travers par la rafale, la goëlette cède à la force du vent, et se couchant sur bâbord, elle ouvre, par ses panneaux, un large passage aux lames. Quelques secondes après, on n'apercevait que l'extrémité de ses mâts ; elle avait sombré par l'arrière.

Ce lugubre drame s'accomplissait le dimanche 14 septembre, vers 7^h 30^m du soir. Au même moment, le chasse-marée le *Spratcer*, capitaine Bevin, d'Intel, coulait dans la baie de Douarnenez, en face du Flymion. Son équipage, plus heureux que celui de la *Doris*, put être entièrement sauvé ; mais le navire, chargé de quelques barriques de sel et de quatre à cinq mille sardines en vert, fut brisé contre les roches et sa cargaison perdue.

M. Binet, enseigne de vaisseau, — aujourd'hui capitaine de frégate et officier de la Légion d'honneur, — de service, ce soir là, à bord du stationnaire , ayant vu s'éteindre subitement les feux de conserve de la *Doris*, et pressentant quelque malheur, fit tirer le canon d'alarme, mit toutes les embarcations du *Robuste* à la mer, et se dirigea lui-même, en toute hâte, dans le canot-major, vers le point qu'occupait la goëlette dont il entendait les cris de détresse. Là se passait une scène déchirante. On voyait cramponnés convulsivement à la mâture du navire, à des pièces de bois flottantes, ou nageant en tous sens, des hommes qui luttaient avec l'énergie du désespoir contre les vagues près d'en engloutir un si grand nombre.

Les périlleux efforts de M. Binet furent couronnés d'un succès inespéré. Il sauva trentedeux personnes. Pendant que l'équipage du *Robuste*, obéissant à son impulsion, multipliait les actes de dévouement et d'abnégation, il avait de dignes émules à terre et en rade. Tels furent particulièrement deux jeunes ouvriers, MM. Le Gall, tôlier au port, et Brians, tailleur de pierres au Portzic, âgés, le premier de vingt ans, le second de dix-neuf; pendant deux heures, ils bravèrent tous les périls pour ramener au rivage les corps qu'ils voyaient à la surface de l'eau. Tels furent encore le patron Kermaïdic et les trois matelots Lamour, Floch et Mocaer. Malgré la violence du vent et l'état de la mer, ils n'hésitèrent pas à se porter, dans une gabarre pesamment chargée, au secours des naufragés. Ajoutons à tous ces noms celui de M. Massé, chirurgien auxiliaire de troisième classe, de service sur la *Caravane;* il se rendit, dès les premiers indices du sinistre, sur le stationnaire où, pendant toute la nuit, il ne cessa de donner des soins aux naufragés, dont plusieurs étaient dans un état d'asphyxie presque complète.

A 11ʰ du soir, une embarcation de la corvette l'*Allier*, envoyée à la recherche des victimes du sinistre, s'étant avancée jusqu'à l'entrée du goulet, recueillit quatre pêcheurs qui, depuis plusieurs heures, étaient sur la quille de leur canot, qu'une forte rafale avait fait chavirer. Sans l'arrivée de cette embarcation, ils auraient trouvé une mort inévitable dans les rapides courants du goulet.

Au nombre des noyés étaient trois officiers : le commandant et M. Papin-Gigont-Decostiers, chirurgien auxiliaire, qui tous deux succombèrent en secourant leurs compagnons d'infortune. M. Lemoine avait déjà arraché aux flots

trois marins, et M. Papin quatre. Le troisième
officier était M. Giraud, enseigne auxiliaire. Le
corps de ce dernier fut trouvé, dans la soirée du
25 septembre, flottant entre le stationnaire et
le lieu du naufrage. Ses obsèques, auxquelles
assistèrent les autorités civiles et militaires,
eurent lieu le lendemain.

Le 3 octobre, à 4ʰ du soir, une embarcation
de la *Loire* recueillit en rade et déposa sur la
cale la *Rose* un cadavre entièrement défiguré.
C'était celui du commandant Lemoine. On ne
put reconnaître ce jeune officier qu'à ses vêtements et à une montre d'or dont les aiguilles
étaient arrêtées à 7ʰ 20ᵐ, moment où l'éter-
nité allait commencer pour lui. Le lendemain,
un cortége nombreux accompagna sa dépouille
mortelle au cimetière.

Le sauvetage de la *Doris* ne put être entièrement terminé que le 13 octobre, jour où elle
fut amenée, dans la soirée, sur le platin des
vivres. Le lendemain matin, le commissaire
du Roi et le greffier des tribunaux maritimes
constatèrent l'identité de quatorze cadavres en
décomposition, qu'on trouva dans le faux-pont.
Ils furent transportés à l'hôpital de la marine,
et le même jour, à 3ʰ de l'après-midi, la foule

se pressait, avec des signes visibles de consternation, derrière quatorze cercueils.

M. le vice-amiral Grivel, préfet maritime,
avait voulu que la cérémonie fût entourée
d'une pompe religieuse et d'un appareil militaire qui répondissent à la grandeur de la catastrophe. Une compagnie d'artillerie et un
bataillon d'infanterie de marine accompagnaient le convoi que suivaient les familles
désolées de ceux qu'on allait confier à la terre.
Derrière venaient les trente-six survivants de la
Doris, ayant à leur tête le commis d'administration du bord, M. Bontemps, aujourd'hui
commissaire général de la marine et gouverneur des établissements français dans l'Inde.
Ils étaient suivis de M. le préfet maritime, de
M. le maire de Brest, de M. le commissaire
général de la marine, de toutes les autorités
tant civiles que militaires, et d'une foule immense qui n'avait pu trouver place dans l'é-
glise Saint-Louis, dont l'autel et le chœur
étaient garnis de draperies noires et d'ornements funèbres.

Arrivés au cimetière, les quatorze cercueils
furent déposés dans les fosses disposées pour
les recevoir. Se plaçant ensuite au centre des

11.

tombeaux, M. le préfet maritime, profondément ému, prononça ces nobles et touchantes paroles :

« Messieurs,

» Un évènement aussi affreux qu'imprévu vient d'enlever au pays des citoyens utiles, et de plonger la population maritime de Brest dans la consternation ! Cette catastrophe nous fait accomplir aujourd'hui une honorable, mais bien pénible mission, celle de rendre les derniers devoirs aux restes du malheureux équipage de la *Doris*. Mortes dans un service commandé, les victimes que vous avez devant vous ont succombé pour la patrie, comme si elles avaient péri sur un champ de bataille; aussi leurs parents, leurs amis, toutes les autorités d'une importante cité, et un grand nombre de ses citoyens viennent-ils honorer leur sépulture et, au nom du pays qu'ils représentent si dignement, démontrer cette consolante vérité, que la France n'établit point de distinction dans l'expression de sa reconnaissance, qu'elle honore le matelot comme l'amiral, et qu'elle l'accompagne également de ses regrets ! »

LA FRÉGATE A VAPEUR LE *PANAMA*

SAUVÉE PAR LES MÉCANICIENS TURCAN ET ARA

———

Partie d'Oran, le 9 janvier 1848, la frégate à vapeur le *Panama*, commandant M. le capitaine de vaisseau Belevèze, ramenait d'Algérie en France huit cent cinquante hommes de troupes. Elle avait eu très beau temps depuis son départ jusqu'au moment où l'on reconnut les Baléares. Le vent, favorable jusqu'alors, commença à souffler avec violence du N.-E. : la mer devint en un instant très grosse et extrêmement fatigante pour le navire, mais plus encore pour les pauvres passagers, parqués dans les batteries que l'eau, qui tombait à bord avec abondance et continuité, avait transformées en de véritables lacs. Le temps ne changea que le 12 au matin, et à part un triste épisode, toute la matinée se serait bien passée. Un caporal de la légion étrangère, dont le mal de mer avait troublé la raison, se précipita dans les flots. Le commandant fit mettre aussitôt une embarcation à la mer; mais on ne put retrouver ce malheureux dont la mort fut jugée avoir dû être instantanée.

Pendant le reste de la journée du 12, la mer devint très mauvaise et le vent souffla avec fureur. Cependant, grâce à sa solide construction, le *Panama* put encore soutenir sa marche. Dans la nuit du 12 au 13, un cri sinistre, répété par douze cents hommes, vint jeter l'épouvante; le feu était à bord. Dans un mouvement de roulis, une barrique remplie de graisse, et que l'on avait négligé d'amarrer, avait été renversée dans la batterie-arrière; le feu s'y était communiqué et menaçait de s'étendre au reste du navire. Le danger était d'autant plus imminent que le vent, dont la fureur redoublait, facilitait les progrès de l'incendie. Après les premiers instants d'une terreur et d'un désordre impossibles à décrire, les postes d'incendie furent assignés à tout le monde; la batterie fut inondée, et après une heure de travaux, on parvint à se rendre maître du feu.

Ce premier danger passé, on espérait pouvoir arriver sans nouvel accident; mais on avait à lutter contre les éléments en fureur et contre des dangers autrement sérieux que ceux qu'on venait d'affronter.

La journée du 13 s'annonça menaçante; le vent qui, les jours précédents, avait varié entre le N.-O. et le N.-E., se fixa définitivement au N.-O., et continua de souffler de cette partie avec toute la furie du plus épouvantable ouragan. En quelques instants, la chaloupe et une yole, solidement amarrées sur les porte-manteaux, à une hauteur de près de dix mètres de la mer, sont enlevées par les lames qui prennent de l'avant à l'arrière, et tombent à bord avec un fracas horrible; la poulaine, les tambours et une partie de la muraille que la frégate présente à la mer et au vent sont brisés comme de frêles planches. A chaque instant, on s'attend à voir la frégate sombrer sous la masse énorme d'eau qui l'envahit de toutes parts. Les cris de détresse des passagers, les craquements du navire, les hurlements du vent, tout concourt à rendre la position des plus critiques.

Le vent diminua pendant la nuit. Mais le 14, à 8ʰ du matin, un cri répété à l'instant par mille voix, s'élève des profondeurs de la frégate : *nous coulons! nous coulons!* Tout le monde se précipite sur le pont, sur les batteries, chacun veut disputer à la mort un reste d'existence que la mer va engloutir à jamais. L'eau est au niveau du parquet des chauffeurs, on la voit s'élever insensiblement, bientôt elle va envahir la machine et tout sera dit. Tout le monde se met à pomper; mais, fatalité! la frégate, en partant de Toulon, y a laissé ses grandes pompes de l'arrière, et n'a emporté que celles de l'avant, d'une très faible dimension, et cependant l'eau gagne toujours. Il faut employer des moyens extrêmes; une chaîne, formée de l'équipage et des huit cent cinquante passagers, est organisée; bidons, gamelles, seaux, casquettes, tout est bon pour enlever l'eau. Mais malgré l'activité et les efforts surhumains de tous ceux qui servaient les pompes, la frégate et tous ceux qu'elle portait étaient condamnés à une mort certaine, si le contremaître mécanicien Turcan, voyant que les recherches de la voie d'eau étaient sans résultat, n'avait, à quatre reprises, plongé dans une voussure pleine d'eau à quarante-cinq degrés de chaleur sous laquelle était placé le tuyau d'injection qui était crevé. La voie d'eau ainsi reconnue put être aveuglée. Le mécanicien Ara, se plaçant sur le balancier de la machine, au risque d'avoir, à chaque mouvement, la tête brisée, répara le tuyau ; puis, le parquet lui manquant sous les pieds, par l'élévation progressive de l'eau, il se fit soutenir à flot, dans la cale, au moyen de cordages, et parvint à entretenir à la fois le feu de quatre fourneaux qui, en alimentant la production de la vapeur, assurèrent au *Panama* le moyen de se réfugier le 15 janvier dans le port de Saint-Pierre (Sardaigne).

Sur la demande du commandant Belvèze, appuyée par le préfet maritime de Toulon, et sur le rapport du ministre de la marine, le Roi, par son ordonnance du 7 février 1848, récompensa l'héroïsme du contre-maître Turcan et du mécanicien Ara, en les nommant chevaliers de la Légion d'honneur.

LA TEMPÊTE DU 14 NOVEMBRE 1854

DANS LA MER NOIRE

Des signes précurseurs d'une tempête s'é-
taient manifestés dès le 13 novembre. L'horizon était sombre, l'air lourd, la mer grosse;
la brise inégale et variable avait brusquement
sauté du S. à l'O. Le soir, sur le signal du
vice-amiral Hamelin, commandant en chef de
l'armée navale, chaque vaisseau embarqua ses
chaloupes ainsi que ses canots, et mouilla une
seconde ancre. La nuit fut sombre; l'artillerie
de Sébastopol en dissipait seule, par moments,
l'obscurité.

Le 14, les présages de la veille se réalisèrent.
Au point du jour, le vent qui soufflait de terre,
avait tourné au S.-E. A 6ʰ 30ᵐ il sauta au S.-O.

et augmenta avec une intensité graduelle. Le
ciel était noir et la pluie tombait par torrents.
A 8ʰ, la tourmente redouble d'énergie, et, sur
tous les points, la lutte s'engage entre les vaisseaux et les éléments déchaînés. Ici, c'est un
trois-mâts anglais qui brise ses chaînes, s'abat
sur un bâtiment de la même nation qu'il en-
traîne rapidement vers la côte ; la corvette le
Sampson qu'ils abordent échappe, par la chute
de sa mâture entière, au sort qu'ils éprouvent
au milieu des brisants de la plage. Plus loin,
le *Jupiter*, qui a aussi rompu ses chaînes,
chasse sur le *Bayard* et broie ses embarcations
de l'arrière sur le beaupré de ce vaisseau.
Quelques minutes encore, et ces deux vaisseaux
se briseront l'un contre l'autre et seront engloutis ! Mais le commandant Borius a rapidement
filé sa chaîne de grande touée, et le *Bayard*,
s'éloignant d'un bond convulsif, sauve ainsi
les deux vaisseaux d'une catastrophe imminente.

Cependant la tempête augmente toujours.
C'est au mouillage de la Katcha, où sont ras-
semblés tous les vaisseaux à voiles, qu'elle fait
redouter le plus de désastres. A 4ʰ, le vent
tourne à l'O., le baromètre ne descend plus,

le vent est moins violent. On croit que l'ouragan va s'apaiser. Vain espoir! Au moment où la nuit se fait, la tempête recommence. Vers 10ʰ du soir, un coup de mer brise le gouvernail de la *Ville de Paris*.

Le port de Kamiech, où étaient les vaisseaux à hélice sous les ordres du vice-amiral Bruat, tout abrité qu'il est, était bouleversé, beaucoup moins pourtant que celui de Balaclava où les navires entassés s'entrechoquaient; leurs vergues et leur gréement, violemment enlacés, se brisaient avec fracas. Au grondement de la tempête se mêlait, par intervalles, celui du canon tiré par les vaisseaux en détresse.

A terre, les tentes et les abris étaient renversés; les toiles des baraquements, où étaient couchés les malades et les blessés, s'affaissaient avec fracas ou tourbillonnaient dans l'espace; l'air était rempli de vêtements en lambeaux, d'objets de toute sorte que le vent emportait dans ses bourrasques furieuses.

Au milieu de ce bouleversement général, les marins détachés à terre ne songeaient qu'à leurs vaisseaux, leur seconde patrie, et impatients d'en connaître le sort, ceux que leur service ne retenait pas aux batteries, cherchaient

à s'en assurer malgré l'obscurité de la nuit.
Le jour leur montra la mer jonchée d'épaves.
Tous les vaisseaux avaient plus ou moins d'a-
varies. Treize navires du commerce étaient
échoués à la côte.

Quelques matelots, assez heureux pour avoir
échappé à la mort, s'étaient réfugiés sur les
débris de leurs bâtiments, et les Cosaques,
avides de saisir leur proie, rôdaient comme des
bandes de bêtes fauves autour des naufragés
que leur disputaient les vagues mugissantes.
Les équipages des vaisseaux assistaient à ce
cruel spectacle, sans pouvoir rien, hélas ! pour
ces infortunés. Cependant la *Ville de Paris* met,
à tout risque, deux embarcations à la mer, et
d'intrépides marins, l'élite du vaisseau amiral,
veulent tenter de porter secours à leurs frères
d'armes. Pendant ce temps, un des vaisseaux
lançait quelques obus contre les Cosaques.
Bientôt l'on vit, au milieu des vagues, bondir
les deux canots qui se dirigeaient vers la côte.
A la nuit, l'un d'eux revint seul, annonçant
que l'autre — une baleinière — avait été rou-
lée à la plage, et que les quatre hommes qui
la montaient, impuissants, malgré leur courage
et leurs efforts, à triompher des brisants de la

côte, avaient péri victimes de leur dévouement.

Pendant toute la journée du lendemain, des embarcations françaises et anglaises travaillèrent avec ardeur à sauver les naufragés que l'on apercevait encore sur les carcasses des bâtiments échoués; la mer était plus calme, et l'on put parvenir jusqu'à eux. Les vapeurs mouillés le long de la côte protégeaient cette opération en tenant avec leurs obus les Cosaques à distance.

C'est surtout aux environs de Balaclava que de nombreux sinistres furent signalés. Dix bâtiments marchands anglais s'échouèrent contre les falaises abruptes qui avoisinent ce port. La marine anglaise perdit aussi le magnifique transport le *Prince*, chargé d'approvisionnements de tout genre et d'habillements pour l'armée expéditionnaire.

On porte à quatre cents environ le nombre des marins qui périrent dans cette effroyable tourmente. La plus grande partie étaient anglais.

A ce tableau général de la tempête du 14 novembre, résumé du récit de M. le baron de Bazancourt *(L'expédition de Crimée. — La marine française dans la mer Noire et la Baltique*, t. 1er, pages 352-361), nous ajouterons les rapports des capitaines du *Henri IV* et du *Pluton*. Les éléments conjurés triomphèrent de l'énergie et de l'habileté de ces capitaines, mais leurs nobles sentiments se réflètent dans les rapports suivants qu'ils adressèrent au vice-amiral Hamelin, commandant en chef :

Rapport adressé à M. le vice-amiral commandant en chef l'escadre de la Méditerranée par M. le commandant du HENRI IV.

Baie d'Eupatoria, le 14 novembre 1854.

Amiral,

J'ai la douleur de vous annoncer que mon vaisseau est à la côte depuis hier au soir à vingt milles au Sud d'Eupatoria, et que je n'ai aucun espoir de l'en retirer, dans la saison où nous sommes.

Ce triste évènement est dû à la rupture successive de mes quatre ancres pendant la tempête que nous venons d'essuyer, et qui, bien que moins violente, dure encore au moment où j'écris.

Toutes les précautions que conseillait la pru-

dence avaient été prises. La bouée de l'ancre
de bâbord, qui était celle qui travaillait avec
les vents du large, était de cent vingt brasses
sur un fond de huit brasses, et je m'étais
affourché Nord et Sud dès mon arrivée. De
plus, chaque fois qu'il ventait un peu frais, je
laissais tomber l'ancre de veille de tribord qui
était ma meilleure. Je n'avais pas manqué de
le faire, hier, lorsque je vis la mauvaise apparence du temps. Je fis ensuite caler les mâts
de hune, amener les basses vergues sur le
porte-lof, et mouiller une seconde ancre de
veille, ce qui m'en faisait quatre dehors, c'est-
à-dire, tout ce que je possédais, puisque j'en
avais perdu une à Baltchick par suite de rupture de chaîne en dérapant, et qu'une autre
avait été cassée par un boulet dans le combat
du 17 octobre.

. Je devais, amiral, me croire en sécurité avec
quatre fortes ancres dehors, lorsque, dans une
très forte rafale, avec saute de vent, la chaîne
de tribord cassa net au portage de la bitte. A
11ʰ, celle de bâbord, qui avait souvent filé,
chaînon par chaînon, malgré les stoppeurs et
les coins, et qui était arrivée à au moins cent
cinquante brasses, en fit autant. Nous vînmes

alors à l'appel de l'ancre de veille de tribord
dont le levier de stoppeur se brisa ; mais la
chaîne ayant fait une coque à l'écubier du puits,
elle tint bon au septième maillon (cent vingt-
six brasses) jusqu'à 5ʰ 10ᵐ du soir, instant
où elle cassa dans un violent coup de tangage.
Celle de bâbord travaillant alors seule ne résista
pas une minute, et ce fut avec terreur que
j'entendis la double secousse qui m'apprenait
que tout espoir de résister à la tempête était
perdu, et qu'il fallait se résigner à aller à la
côte, comme l'avaient déjà fait, sous mes yeux,
dans cette fatale journée, douze ou quinze
autres bâtiments, au nombre desquels se trouvent la corvette le *Pluton*, arrivée depuis quatre
jours seulement, et un vaisseau turc, portant
pavillon de contre-amiral qui ont, sans doute
aussi, cassé toutes leurs chaînes.

Certain de n'être plus tenu par rien, je fis
hisser le petit foc pour faciliter l'abattage du
vaisseau sur tribord, et éviter les navires mouillés à terre de moi ; puis, après les avoir parés,
je fis border l'artimon afin d'aller m'échouer le
moins loin possible de la ville, et de pouvoir
communiquer avec elle par la langue de sable
qui nous sépare du lac Salé, sans être inquiété

par les Cosaques qui ne manqueraient pas de
venir rôder autour de nous.

La nuit était très obscure quand nous com-
mençâmes à toucher. Je fis en sorte d'échouer
l'avant à terre perpendiculairement à la côte ;
mais d'énormes brisants, prenant le vaisseau
par la hanche de bâbord, le portèrent petit à
petit pendant toute la nuit, et même aujour-
d'hui dans la matinée, dans une direction
presque parallèle au rivage, et le sable mouvant remplissant à l'arrière la souille à mesure
que la carène se déplaçait dans son agitation
continue, il en est résulté, chose incroyable,
que nous sommes déjaugés de quatre mètres et
demi à l'arrière et de quatre mètres à l'avant,
et que notre distance du rivage n'est que de
soixante mètres au plus.

La situation du *Henri IV*, au moment où j'ai
l'honneur de vous écrire, est celle-ci : incliné
un peu sur tribord, presque parallèlement à la
côte, le cap au N.-N.-E., la sonde indiquant
trois mètres trente-cinq centimètres à l'arrière,
deux mètres trente centimètres à l'avant, quatre
mètres par le travers à bâbord et trois mètres
vingt centimètres par le travers à tribord. Il a
fait sa souille, et il n'éprouve plus les secousses

qui l'ont tourmenté pendant dix-huit heures. Le vaisseau n'est pas défoncé puisque les pompes ordinaires suffisent pour étancher l'eau de la cale, et qu'elles ne fonctionnent pas toujours.

Le gouvernail est démonté et je crois ses ferrures brisées, de même que celles de l'étambot.

Le vaisseau n'a plus d'autres ancres que celles à jet. Deux des bouts de chaîne restés à bord sont engagés sous la quille. La chaloupe est à la côte ; je la suppose réparable. Le grand canot, le canot-major et ma baleinière sont entièrement hors de service. Les deux canots moyens ont été aussi jetés à la côte à Eupatoria, où ils étaient occupés, le 14 au matin, pour l'embarquement des bœufs ; mais ils peuvent être et seront réparés. Quant aux chalands, ils sont coulés et probablement en pièces. La mâture est intacte. J'ai fait déverguer les voiles, envoyer en bas les vergues et manœuvres courantes. Je ferai dépasser les mâts de hune dès que je le pourrai.

J'ai pu, au moyen du youyou, établir un va-et-vient avec la terre ; mais la mer est encore trop grosse pour entreprendre le sauvetage des cent dix malades que je compte à bord. Je me

12

suis contenté de faire passer au commandant
supérieur d'Eupatoria des munitions pour obu-
siers de montagne, en remplacement de celles
qu'il avait consommées avec succès la veille
sur la cavalerie russe.

Nos batteries sont restées chargées, et j'ai eu
l'occasion ce matin de faire usage de nos caronades pour faire rebrousser chemin à une cinquantaine de Cosaques, qui s'avançaient au
grand galop pour s'emparer des hommes de
mon youyou restés à terre, et qui ne pouvaient
réussir à remettre à flot cette petite embarcation.

Voilà, amiral, la situation actuelle du *Henri
IV*, de ce beau vaisseau dont j'étais si fier...
elle est bien triste, et je ne vous parlerai pas
de la douleur que j'en éprouve; vous êtes fait
pour la comprendre et pour me plaindre.

J'espère que ma santé se soutiendra assez
pour me permettre d'achever jusqu'au bout
les devoirs que j'ai à remplir envers l'État et
envers mon équipage; quant à mon courage,
il ne faillira pas.

Je n'ai pas encore pu communiquer directement avec le commandant du *Pluton*, mais il
est venu sur la plage vis-à-vis de mon vaisseau,

et m'a fait dire par un de ses matelots que son bâtiment étant défoncé et son entre-pont envahi par la mer, il l'avait évacué ce matin sans perdre un seul homme. M. Fisquet est à Eupatoria avec tout son équipage, qui a pu aussi sauver ses effets. Le rapport de cet officier supérieur vous fera connaître en détail les circonstances de son malheur qui ne fait qu'ajouter au mien.

J'ai signalé au *Lavoisier* qui, lui aussi, a cassé une de ses chaînes ; et n'a tenu sur l'autre qu'au moyen de sa machine, de faire route pour vous faire connaître notre fâcheuse situation, dès que le temps le lui permettrait.

Je n'évacuerai pas mon vaisseau tant qu'il en restera un morceau pour me porter et y faire flotter les couleurs nationales. J'attends les secours qu'il vous sera possible de m'envoyer, amiral, afin de sauver, en fait de vivres et de matériel d'armement, tout ce que je pourrai. Ne pouvant déposer ces objets sur une terre ennemie, il me faut des bâtiments pour les recevoir et les porter aux autres vaisseaux de l'escadre.

Mon équipage, affaibli considérablement par les détachements que j'ai fournis tant pour le

siége de Sébastopol que pour la garnison d'Eupatoria, se trouve réduit à un petit nombre de
matelots valides, d'où il résulte que les moindres travaux sont pour nous très difficiles, et
que ceux qui demandent beaucoup de force
sont impossibles. Du reste, amiral, je suis heureux de le dire, mon équipage est admirable de
zèle et de discipline, chaque homme tâche de
doubler sa force et vole à mon moindre commandement. Quant à mes officiers, ils me se-
condent en tout avec cette parfaite entente du
service, ce courage et ce dévouement de cœur
dont je vous ai souvent entretenu dans d'autres
circonstances, et qui ne pouvaient faillir dans
celle-ci. Tout le monde a fait et fera son devoir
jusqu'à la fin avec la plus entière abnégation,
vous pouvez y compter, amiral; et si la marine
perd un de ses beaux vaisseaux, on ne peut
s'en prendre qu'à la tempête qui a été plus forte
que nous, et nous a jetés à la côte malgré tous
les moyens employés pour lui résister.

Dans ma dernière lettre, qui n'a que quelques jours de date, il semble que je pressentais
le malheur qui allait me frapper, lorsque je
vous disais que « je me considérais comme en
perdition sur la rade d'Eupatoria, lorsque vien-

drait un fort coup de vent de S.-O. ; » ma.
crainte n'a pas tardé à se réaliser.

J'aurai l'honneur de vous faire connaître
plus tard les noms des personnes qui se sont
plus particulièrement distinguées dans notre
naufrage, et d'appeler sur elles la bienveillance
du gouvernement. Je me borne, pour le moment,
à citer M. d'André, enseigne de vaisseau, et le
le quartier-maître de manœuvre Gournay (Joseph), qui ont fait le premier voyage à terre
avec une faible embarcation que les brisants
couvraient à chaque instant, pour aller établir
le va-et-vient qui devait servir au salut de tous,
si le vaisseau s'était ouvert.

Je suis, etc.

Le commandant du Henri IV,

JEHENNE.

*Rapport adressé à M. le vice-amiral comman-
dant en chef l'escadre de la Méditerranée
par le commandant du* PLUTON.

Baie d'Eupatoria, le 16 novembre 1854.

Amiral,

J'ai à remplir le pénible devoir de vous rendre compte de la perte de la corvette à vapeur

12.

le *Pluton*, dont le commandement m'était confié.

Le *Pluton* avait mouillé, le 10 octobre dernier, devant Eupatoria, par cinq brasses, relevant le moulin le plus à l'Est, au N. 16° E., et la mosquée au Nord 60° 0.

La ville était tenue en alerte par des milliers de Cosaques et menacée d'une attaque sérieuse. J'avais dû prendre ce mouillage le plus près de terre possible, quoique cependant encore à sept cents mètres du rivage, pour être à portée, avec l'artillerie du *Pluton*, de défendre les approches de l'Est d'Eupatoria.

Le bâtiment était affourché S.-E. et N.-O.; il avait essuyé dans cette position un fort coup de vent du Sud à l'Ouest dans la nuit du 10 au 11, un second coup de vent dans la matinée du 13. Les ancres n'avaient pas cédé, et cette épreuve pouvait me rassurer sur la sécurité du navire. Les mâts de hune étaient calés et les vergues sur le porte-lof.

Le 14 au matin, la brise était au N.-E.; pas de mer. Tout présageait le beau temps. Un de nos canots est allé aux provisions, et à 7ʰ 30ᵐ, sur le signal du *Henri IV*, j'ai envoyé nos deux autres canots et nos canots-tambours à terre pour l'embarquement des bœufs à bord du *Lavoisier*; c'était quarante matelots hors du bord.

Vers 8ʰ, un grain s'est élevé de l'Est avec mauvaise apparence. Le baromètre est descendu subitement à sept cent quarante millimètres ; le grain a donné avec pluie et grêle, par violentes rafales, qui ont varié au S.-E., puis au Sud.

Nous avons filé six maillons de la chaîne bâbord et quatre de celle de tribord. Cette dernière ne faisait rien. Les feux ont été poussés prêts à mettre en marche.

J'ai fait étalinguer un grelin sur l'ancre de la cale, mais cette ancre n'ayant pas passage entre l'ellipse et les tambours, il a fallu se disposer à la jeter par-dessus le bord à l'arrière des tambours. Pendant l'opération, j'ai vu un trois-mâts anglais en dérive qui allait tomber sur nous.

J'ai envoyé aussitôt tout le monde aux deux stoppeurs, prêt à filer l'une ou l'autre chaîne. Nous avons filé bâbord. La chaîne de tribord a rappelé, et le trois-mâts nous a parés ; il est allé à la côte. Plusieurs bâtiments y étaient déjà, d'autres coupaient leurs mâts pour tenir.

La mer, tourmentée, grossissait toujours. Le vent avait tourné au S.-O. et à l'Ouest, et malgré sa violence, nous restions évités au courant du Sud, présentant le travers à la lame et à la mer. J'ai renoncé à faire jeter l'ancre de la cale; elle eût risqué, en tombant sous le bâtiment, de le crever.

Nous marchions en avant, doucement, avec la machine, de manière à soulager les chaînes sans cependant les empêcher de travailler.

J'avais pris des alignements à terre. Ils n'avaient pas varié depuis trois jours. J'étais assuré que nos ancres tenaient bien.

Vers midi, un transport anglais démâté a cassé ses chaînes. Nous le relevions dans le S.-S.-O., à une encâblure, et malgré la force du vent d'Ouest, le courant le portait sur notre bossoir de tribord. Nous allions être écrasés et coulés sur place.

J'ai fait établir la grande voile goëlette pour éviter au vent et fait faire machine en avant à toute vapeur. Notre avant a paré, mais cet énorme trois-mâts nous a élongés par bâbord, et à mesure que nous le dépassions, chaque lame alternativement nous lançait au-dessus de lui, et nous laissait retomber sur son cuivre.

Dans ces chocs, nos vergues ont été cassées, nos porte-manteaux et leviers en fer de mise à l'eau des canots-tambours tordus, le tambour de bâbord et l'arrière craqués. La machine a cependant pu continuer à marcher ; mais, sitôt dégagé, j'ai été obligé de stopper pour faire parer des manœuvres et des bouts de chaînes de balancines cassées qui se pressaient dans les aubes.

Un officier, M. Boulet, a reçu un morceau de bois sur la tête ; il a fallu le transporter sans connaissance.

Sitôt les aubes dégagées, nous avons remis en marche, et tout danger semblait évité. Malheureusement, la lourde chaîne de ce bâtiment raguait sur les nôtres. Celle de tribord a cassé, et celle de bâbord a été déchaussée. Malgré notre grande voile, malgré notre machine, nous n'avons pu revenir au vent. Les alignements ont commencé à varier ; nous allions en travers à la côte.

A midi et demi, nous avons commencé à talonner ; peu après le gouvernail a été démonté. Les ébranlements du navire sont devenus terribles. Chaque lame nous couchait, tantôt sur tribord, tantôt sur bâbord. J'ai essayé de tenter l'abattage sur bâbord en béquillant avec la vergue du grand hunier. Cette vergue dans le sable mouvant n'a produit aucun effet. Le bâtiment s'est couché du côté du large pour ne plus se relever.

Dans ce moment une vive canonnade s'est fait entendre. La ville était attaquée par six mille Russes et seize pièces de canons. Des escadrons de Cosaques s'avançaient à l'Est du côté que nous devions appuyer avec notre artillerie. Le *Pluton* pouvait rendre encore un dernier service. Nous avons fait branle-bas de combat, chargé les petites armes et dirigé deux pièces du côté de l'ennemi. Nous étions prêts à commencer le feu dès que les Cosaques arriveraient à portée. Ils ont trouvé les défenses de la ville trop bien prises et se sont retirés.

L'eau gagnait rapidement. La soute aux poutres était pleine. J'ai fait monter tout ce qu'on a pu en retirer de munitions et fait mettre en réserve quelques sacs de biscuit et de l'eau.

A la nuit, les lames balayaient le gaillard d'arrière. J'ai été obligé de faire évacuer complètement, et j'ai fait monter les effets de l'équipage dans les jardins du tambour de bâbord.

La nuit a été longue et froide. Le vent n'a pas molli. La mer nous couvrait de plus en plus. A 1^h, la mer a gagné le faux-pont avant. J'ai fait placer les malades et les mousses sur l'avant du tambour de bâbord, et le reste de l'équipage s'est groupé à bâbord devant.

Le jour s'est fait sur ce désastre. Seize bâtiments avaient fait naufrage, et nous avons éprouvé le chagrin de reconnaître le vaisseau le *Henri IV* échoué.

Les habitants du pays ne se rappellent pas avoir vu un pareil coup de vent. La moitié des moulins ont été renversés, et des maisons, situées au bord de la mer, ont eu des pans de muraille abattus.

Le *Pluton* était complètement perdu, ensablé à quatre-vingts mètres de la plage, les bordages du pont disjoints, l'arrière se séparant de l'avant. Chaque lame, en déferlant, montait sur le pont jusqu'au bord opposé. Enfin l'entre-pont était plein d'eau.

Il y avait urgence, pour la sûreté de la vie des hommes, d'évacuer le bâtiment; je m'y suis décidé.

J'ai fait mettre à la mer le youyou; deux hommes dévoués s'y sont embarqués et ont nagé vers la côte, pendant que nous filions une ligne de loch dont ils avaient le bout. Une lame les a roulés à terre, ils ont halé la ligne, nous avons filé un faux-bras, et le va-et-vient étant établi, nous avons ramené à bord le youyou.

Le débarquement s'est opéré quatre par quatre, en commençant par les malades, les mousses et les hommes qui ne savent pas nager. L'embarcation remplissait souvent à la dernière lame. Les hommes qu'elle transportait étaient enlevés aussitôt par les premiers débarqués et par M. Granderic, enseigne de vaisseau, que j'avais envoyé pour veiller au débarquement.

Quand tous ceux pour lesquels le passage présentait des dangers ont été en sûreté à terre, M. André, commis d'administration, a descendu la comptabilité, et M. Pignoni, chirurgien, quelques médicaments.

J'ai fait envoyer à terre les effets de l'équipage, l'obusier de douze et quelques munitions.

Le reste de l'équipage, les maîtres, M. Boulet, lieutenant de vaisseau, sont descendus successivement, et à 4ʰ, après avoir fait une ronde dans le bâtiment, le maître d'équipage

Gaubert et M. Bocher, mon second, se sont embarqués ; moi-même, dernier, j'ai quitté le *Pluton*, le cœur navré, mais avec une consolation, s'il en est une pour l'officier qui voit perdre le bâtiment qu'il commandait, de voir tout l'équipage sauvé, et de pouvoir dire, avec une conscience nette, que tous ont bien fait leur devoir.

Au milieu de ce coup de vent, un bâtiment malheureux avait entraîné le *Pluton* dans sa perte.

M. d'Osmond, commandant de place, avec une sollicitude pour laquelle je ne saurais trop témoigner ma reconnaissance, avait envoyé des chariots pour le transport des bagages, et avait fait préparer des logements dans lesquels les hommes ont pu, en arrivant, se sécher et se remettre d'une si rude épreuve.

Dans ce désastre, amiral, les officiers et l'équipage du *Pluton* ont été admirables de sang-froid et de dévouement. Veuillez me permettre de les signaler à votre estime et à votre bienveillance.

Je suis, etc.

Le commandant du *Pluton*,

Fisquet.

13

Les commandants du *Henri IV* et du *Pluton* durent, aux termes de la loi, comparaître devant un conseil de guerre ; ce n'était, ce ne pouvait être pour l'un et pour l'autre qu'une simple formalité. Toutefois, ils eurent lieu d'être satisfaits d'y avoir été assujettis, car la décision du conseil, en prononçant leur acquittement, constata qu'ils avaient, de tous points, rempli leurs devoirs et fait preuve de toute l'habilité, de tout le courage que demandaient les circonstances.

L'Empereur sanctionna les deux jugements d'une manière caractéristique en élevant, le 3 février 1855, M. Jehenne au grade de contre-amiral, et, le 7 juin suivant, M. Fisquet à celui de capitaine de vaisseau.

Le rapport qui précédait le décret relatif à M. Jehenne honore trop cet officier supérieur pour que nous ne nous fassions pas un devoir de le reproduire ici :

Sire,

Le capitaine Jehenne, commandant du *Henri IV*, avait été proposé par l'amiral Hamelin, avant l'ouragan du 14 novembre, pour le grade de contre-amiral.

L'habileté, l'énergie, le dévouement de cet officier supérieur ont été vaincus par la fureur des éléments ; mais la marine et l'armée ont été témoins du sang-froid et de la vigueur qu'il a déployés pour arracher au naufrage le vaisseau que Votre Majesté lui avait confié.

En lui rendant son épée, le conseil qui a jugé M. Jehenne, a reconnu, à l'unanimité, que nul n'était plus digne que lui des faveurs de Votre Majesté.

L'Empereur, dans sa haute justice, n'a pas voulu qu'un grade acquis par de brillants services, fût perdu dans une lutte contre la terrible tempête qu'aucun effort humain ne pouvait conjurer.

J'obéis à ses ordres en lui soumettant le décret qui confère à M. le commandant Jehenne le grade de contre-amiral.

Th. Ducos.

PERTE DE LA FRÉGATE LA *SÉMILLANTE*

———

Partie de Toulon, le 14 février 1855, avec une brise d'Ouest assez fraîche, la frégate la *Sémillante*, commandée par le capitaine de frégate Jugan, portait trois cents hommes d'équipage et trois cent quatre-vingt-treize hommes de troupes, qui rejoignaient l'armée d'Orient. Les bonnes qualités nautiques de cette frégate, ses excellentes conditions de navigabilité, — elle était loin d'être aussi chargée en personnel et en matériel qu'elle aurait pu l'être, — l'habileté éprouvée de son commandant, tout enfin concourait à lui présager une heureuse traversée. Aussi quelle fut la consternation quand on apprit qu'elle avait péri corps et biens ! La première pensée des marins fut que le sinistre n'avait pu avoir lieu que sur les roches des bouches de Bonifacio pendant la tempête qui avait désolé ces parages dans la nuit du 15 février.

Tout portait à croire, en effet, que la *Sémillante,* à sa sortie de Toulon, avait gouverné de manière à passer par le canal qui sépare la Sardaigne de la côte d'Afrique. Les navigateurs savent qu'en dépassant le parallèle des Baléares, il arrive souvent que les vents d'Ouest, qui dépendent du Nord avant d'atteindre cette limite, ont une tendance marquée à hâler du Sud à partir de ce point. Dès lors, il était probable que, quand la *Sémillante* était parvenue à cette hauteur, les vents lui ayant refusé et l'ayant rapproché des côtes de Sardaigne, le capitaine Jugan, en marin expérimenté et pour éviter, par gros temps et forte mer, de se laisser affaler sur la terre et d'être contraint à louvoyer, avait pris le parti de donner dans les bouches de Bonifacio, cette manœuvre étant la seule qu'il y eût à faire.

Qu'était-il ensuite arrivé ? La tempête était parvenue à un maximum d'intensité effrayant, au dire des rapports qui furent adressés des côtes de la Corse ; peut-être le phare de l'île Razzoli était-il embrumé par l'effet du temps. Dans de semblables circonstances, la frégate

entraînée avec une vitesse impossible à maî-
triser, par un vent d'Ouest d'autant plus terrible qu'il était resserré entre deux côtes formant entonnoir, avait donné avec une violence
incalculable sur l'écueil Lavezzi. Ce qui portait
à croire que ce terrible choc avait eu lieu, c'est
que les débris recueillis formaient comme une
montagne d'objets brisés en morceaux et en
quelque sorte hachés. Si le bâtiment avait
sombré, tout aurait disparu, ou les épaves ve-
nues à la côte auraient, pour ainsi dire, conservé leurs formes premières.

Ces conjectures n'étaient que trop fondées.
C'est en effet sur l'îlot Lavezzi que des pêcheurs
avaient recueilli, d'abord un chapeau de marin,
puis des débris de sabres d'artilleurs, de fusils,
d'effets d'habillements militaires, etc. Les recherches immédiatement entreprises par les
soins de l'autorité maritime, de la douane,
du commandant de la place de Bonifacio, des
embarcations de l'aviso à vapeur de l'État,
l'*Averne*, commandé par M. le lieutenant de
vaisseau Bourbeau, firent bientôt retrouver
d'autres épaves : des morceaux de carcasse de
navire, de mâts, de vergues garnies de leurs
voiles ferlées, des chapeaux de matelots, un

reste de soutane, des képis, des shakos, le livre-journal de la *Sémillante*, etc.

Sur l'ordre du ministre de la marine, l'aviso l'*Averne* procéda à de nouvelles perquisitions dans le but de recueillir, sinon quelques malheureux naufragés échappés au désastre de la *Sémillante*, au moins leurs dépouilles qui réclamaient une sépulture chrétienne et quelques renseignements sur ce douloureux évènement de mer.

Les résultats de la mission du lieutenant Bourbeau sont consignés dans trois rapports qu'il adressa les 2, 6 et 13 mars 1855, à M. le préfet maritime de Toulon, rapports que nous extrayons, comme l'exposé qui précède, du *Moniteur de la flotte*, et qui donnent des détails circonstanciés sur les ravages causés par l'horrible tempête du 15 février.

Bonifacio, le 2 mars 1855.

Amiral,

L'*Averne*, parti de Livourne, le 28 février, a touché le 1ᵉʳ mars au matin à Porto-Vecchio pour y prendre des renseignements, et est arrivé le même jour, vers midi, à l'îlot de Lavezzi, sur lequel, le fait est malheureusement trop certain aujourd'hui, s'est perdue la frégate la *Sémillante*.

Le spectacle que présente cette côte est navrant et donne une terrible idée de la furie de l'ouragan qui a pu briser en morceaux aussi menus un bâtiment de cette force, porter à des hauteurs considérables quelques tronçons de ses mâts, et prendre des quartiers du navire pour les éparpiller à plusieurs encâblures de distance, en les faisant passer par-dessus des pointes de rochers élevés de plusieurs mètres au-dessus du niveau de la mer.

J'ai d'abord visité en embarcation les différentes criques où se trouvent les principaux débris; puis, dirigé par le patron de la balancelle l'*Aigle* nº 1, que j'ai trouvé sur les lieux, j'ai fait par terre le tour de l'île.

Il faut, je le crains, amiral, perdre tout espoir de retrouver jamais quelques-uns des malheureux qui étaient à bord et même de connaître exactement le moment du sinistre et les circonstances qui l'ont occasionné.

Dans la journée du 15 février, un ouragan de la partie de l'O.-S.-O., comme les vieux marins du pays ne se souviennent pas d'en avoir jamais vu, a éclaté dans les bouches de

Bonifacio, et a duré de cinq heures du matin jusqu'à minuit, presque constamment avec la même violence

Dans la ville, la plupart des toits des maisons ont été emportés, une maison s'est écroulée, une personne a été tuée et deux autres blessées sous les décombres.

Un douanier de service sur le quai a été jeté à la mer par la violence du vent, et, pour le secourir, le second maître de manœuvre Aimo, patron de la balancelle l'*Aigle* n° 1, a dû se coucher à plat ventre pour lui tendre la main sans être entraîné lui-même.

Vous aurez une idée exacte de cette tourmente, amiral, lorsque vous saurez que l'embrun passait par-dessus la falaise élevée sur laquelle est bâtie la ville de Bonifacio et venait se déverser dans le port.

Je n'exagère rien, amiral.

M. Piras, âgé de soixante-quinze ans, maire de Bonifacio, ancien capitaine au long cours, qui a longtemps navigué dans ces parages, et dont l'opinion a beaucoup d'autorité, m'a affirmé qu'aucune frégate au monde n'eût pu présenter le travers (pour mettre en cape), à pareille tempête.

C'est dans ces fatales circonstances que la frégate la *Sémillante* a dû donner dans les bouches de Bonifacio.

Est-ce de jour? Est-ce de nuit? C'est ce que personne n'a encore pu savoir et ce que personne ne saura jamais sans doute.

Poussée par cette tempête d'O.-S.-O, la frégate a dû toucher d'abord sur la pointe S.-O. de l'île Lavezzi ; c'est là, en effet, que l'on trouve d'abord quelques tronçons de ses mâts et de ses vergues brisés, encore à flot et retenus dans cette position par un enchevêtrement de cordages fixés au fond.

Au milieu de ces tronçons se trouve aussi un morceau de la coque de la frégate qui paraît provenir de la partie comprise entre les porte-haubans de misaine et la flottaison ; il y a là un hublot.

Puis toute la partie Sud de l'île est jonchée de menus débris et de morceaux de la coque qui n'ont presque plus aucune valeur. Quatre mortiers seuls paraissent par un fond d'environ quatre mètres ; on pourra les sauver.

Le 1er mars, on a encore retrouvé une voile d'embarcation sur laquelle on voit écrit : *Sémillante*, yole n° 1.

Jusqu'à ce jour, on n'a retrouvé que trois corps qui ont paru être ceux d'un matelot, d'un soldat et d'un caporal ; ils ont été enterrés sur l'île.

Après avoir reconnu cet état de choses, j'ai laissé sur les lieux M. Farines, enseigne de vaisseau, avec les deux balancelles, le grand canot, une baleinière et un youyou, des apparaux, tous les outils de charpentier et trente-cinq hommes pour opérer le sauvetage et faire toutes les recherches qui peuvent amener la découverte de nouveaux débris ou de nouveaux cadavres.

. . . .

Bonifacio, 6 mars 1855.

Amiral,

En laissant un officier sur l'île de Lavezzi, parmi les instructions que je lui avais données, la plus impérieuse et la plus pressante de toutes était celle de rechercher tout d'abord, avec le plus grand soin, les cadavres des malheureux qui ont péri dans le naufrage de la *Sémillante,* afin de les préserver le plus tôt possible de toute souillure et de faire disparaître immédiatement un aussi douloureux spectacle.

L'exécution de mes ordres a amené la découverte de soixante cadavres, la plupart nus ; ces infortunés avaient eu le temps de se déshabiller pour lutter plus facilement contre la mort. Ils sont presque tous méconnaissables ; parmi eux cependant on croit avoir reconnu un prêtre en bas de soie noire dont il était encore porteur.

Le corps de M. le commandant Jugan a été retrouvé et seul reconnu d'une manière positive. Il était en uniforme, et sans cela même, amiral, il était très reconnaissable par suite de la difformité de l'un de ses pieds. Des soins particuliers lui ont été rendus ; il a été mis dans une bière avec deux couvertures, et la croix qui surmonte ses restes porte une inscription.

A mesure que de nouveaux cadavres sont découverts, ils sont roulés avec soin dans une couverture, ce qui les préserve d'un nouvel outrage, en empêchant toute dislocation ; puis ils sont placés sur une civière et portés au lieu désigné, où une fosse particulière les reçoit aussitôt. Une croix est placée sur chaque fosse.

L'abondance des cadavres que l'on découvre à chaque instant, et qui sont tous en putréfaction, et les difficultés du transport nous ont forcés d'ouvrir un second cimetière. Ces devoirs étaient rudes à remplir pour mes pauvres matelots ; plusieurs en ont été tellement impressionnés qu'ils n'ont pas pu continuer ce service ; d'autres ne le remplissent plus qu'en pleurant à chaudes larmes.

Le sauvetage des débris ne pouvant plus se faire, mes hommes suffisaient à peine à la recherche et au transport des cadavres, et au travail pénible que nécessitent ces fosses profondes, sans avoir tous les outils nécessaires pour ce genre de travail.

Par toutes ces raisons, amiral, j'ai cru devoir prier M. le commandant de place de vouloir bien mettre à ma disposition un détachement de cinquante hommes, ce qui m'a été aussitôt accordé avec un empressement que je ne saurais trop vous signaler, amiral.

J'ai pensé, amiral, qu'à ces soins matériels ne devaient pas se borner mes devoirs, et que les ministres de la religion devaient être priés d'appeler les bénédictions célestes sur les dépouilles de tant de malheureuses victimes, et de bénir la terre qui recouvre leurs restes. Je n'ai eu qu'un désir à exprimer à cet égard, et MM. les curés de la haute et de la basse ville n'ont voulu laisser à personne le soin de remplir cette pieuse mission.

Dimanche matin, 4 mars, l'*Averne* est parti de Bonifacio, portant à Lavezzi MM. les curés de la haute et de la basse ville, M. le juge de paix et son greffier, cinquante soldats, deux caporaux, un sergent et un officier. Le détachement a été débarqué, et, deux heures après, il était parfaitement campé, à l'abri de tentes solides faites avec les voiles de l'*Averne*, et par les soins de son équipage.

A midi, la cérémonie religieuse a eu lieu, et l'absoute a été donnée. Tout le monde y a assisté dans le plus profond recueillement.

Je n'ai pas jugé à propos, amiral, de faire rendre encore d'honneurs militaires ; tous les jours on recueille de nouveaux cadavres, et j'ai voulu attendre vos ordres à cet égard.

Lorsque vous jugerez que le moment en sera arrivé, je pense que tout le clergé de Bonifacio sera disposé à se transporter à Lavezzi, ainsi que plusieurs personnes de la ville. J'en ai déjà causé avec MM. les curés qui ont bien voulu s'y transporter une première fois.

Ces soins ne me font pas négliger la partie matérielle du sauvetage, amiral ; mais les vents presque constants qui règnent dans ces parages avec une certaine violence, dans cette saison, rendent toute opération très difficile ; il faut attendre le calme, et je n'en ai pas encore eu. Je me suis mis et je me mets en relations avec M. le chef du service de la marine, et j'agis d'accord avec M. le chargé de l'inscription maritime à Bonifacio pour le récolement et l'inventaire des objets sauvés dont la valeur paraît d'ailleurs devoir être bien minime.

Le personnel nombreux qui se trouve aujourd'hui sur l'île de Lavezzi m'a déterminé à y détacher M. le chirurgien-major de l'*Averne*, dont les services pourront y être très utiles dans le cas de quelques accidents occasionnés par les opérations du sauvetage.

Daignez agréer, etc.

Bonifacio, 13 mars 1855.

Amiral,

Après avoir pris les dispositions dont j'ai eu l'honneur de vous entretenir par mes lettres des 2 et 6 de ce mois, et conformément à vos ordres, je me suis rendu en Sardaigne, à Longo-Sardo et à la Madeleine, pour essayer d'y recueillir quelques renseignements sur l'épouvantable naufrage qui est venu affliger la marine impériale.

Partout, en Sardaigne comme en Corse, je trouve beaucoup de suppositions, mais de faits certains presque nulle part.

Tout le monde est d'accord sur la furie sans exemple de l'ouragan du 15 février qui, dans ces parages, a occasionné partout les plus grands dégâts, enlevé les toitures des maisons, arraché des arbres séculaires, et qui ne permettait aux personnes forcées de sortir de chez elles de le faire qu'en rampant.

Cet ouragan soufflait de l'O.-S.-O. ; les bouches de Bonifacio ne présentaient plus qu'un immense brisant où l'on ne pouvait plus rien distinguer ; il n'y avait plus ni passes ni rochers : de nuit comme de jour, il était impossible de s'y reconnaître. La mer était tellement déchaînée et l'embrun si épais et si élevé, que la *Sémillante* devait en être couverte à une grande hauteur et inondée, sans que personne à bord pût distinguer le bout du beaupré. Il n'y avait pas de frégate au monde capable de présenter le travers à une aussi terrible tempête, et tout bâtiment que sa position dans ces parages forçait de laisser courir pour donner dans ces passes si dangereuses par tout temps, était voué d'avance à une perte presque certaine au moment de cette tourmente.

J'ai interrogé beaucoup de monde en Sardaigne, commandants militaires et civils, agents consulaires, capitaines de port, gardiens de phares, etc. Voici le seul renseignement que j'ai pu recueillir :

Le chef du phare de la Testa m'a déclaré que le 15 février, vers 11ʰ du matin, une frégate dont il ne comprenait pas bien la manœuvre, ce qui lui a fait supposer quelle avait des avaries dans son gouvernail, venait à sec de toile, de la partie du N.-O., se dirigeant sur la plage de Reina-Maggiore, près du cap de la Testa, où il pensait qu'elle allait se briser, lorsqu'il l'a vue hisser sa trinquette et venir sur bâbord en donnant dans les bouches de Bonifacio où l'horizon était tel qu'il l'eut bientôt perdue de vue.

Vous remarquerez sans doute, amiral, que sous le rapport de l'heure, cette déclaration se rapproche de celle qui m'a été faite par le berger de Lavezzi, et qu'à elles deux, elles auraient une certaine valeur, qui tendrait à fixer le moment du sinistre au 15 février vers

midi. Cependant, ce même gardien, dans une
première déclaration faite à d'autres personnes,
avait d'abord dit que c'était une frégate à vapeur. Quand j'ai insisté sur cette différence,
il m'a répondu, ce qui n'était malheureusement que trop vrai, que l'on ne distinguait que
bien mal et à une bien petite distance, et seulement par suite de l'élévation du phare.

La mer était si forte que les glaces du fort
de la Testa étaient couvertes d'une forte couche
de sel qu'il n'était pas possible de songer à
faire disparaître. Il en était de même à Razzoli.

A la Madeleine, je n'ai pu avoir aucun renseignement ; on ne savait rien ; les gardiens du
phare de Razzoli n'avaient rien vu. Mais j'y ai
recueilli un témoignage bien précieux en cette
douloureuse circonstance. C'est celui de M.
le capitaine de vaisseau anglais Daniel Ro-
berts, retiré depuis dix ans à la Madeleine, et
qui m'a affirmé, à plusieurs reprises, que dans
le cours d'une longue carrière bien remplie,
dans aucun parage, par aucune latitude, il
n'avait jamais rien ressenti, rien éprouvé qui
approchât de la furie de l'ouragan qui a sévi
dans les bouches de Bonifacio, le 15 février.

Sur la côte de Sardaigne on n'a trouvé d'ail-

leurs ni débris, ni traces, ni vestiges du naufrage.

. . . .

De la Madeleine je me suis rendu à Lavezzi,
et là, le premier moment de douleur passé,
j'ai trouvé tout le monde, officiers, soldats et
matelots, occupé à faire courageusement son
rude devoir. Je ne saurais trop appeler votre
bienveillante attention sur tous ces braves gens.
La sépulture avait déjà été donnée à cent soix-
ante-dix cadavres; quarante autres encore attendaient qu'on pût les recueillir; j'avais le cœur
navré.

Le spectacle que présente la partie sud de
l'île Lavezzi, où se trouvent plusieurs petites
criques qui ne sont point indiquées sur la carte
de M. de Hell, et dans lesquelles sont dispersés
les débris de la *Sémillante*, est quelque chose
d'affreusement douloureux, et il faudrait une
plume plus exercée que la mienne pour le
peindre. C'est là que, suivant les vents ré-
gnants, ces malheureux cadavres apparaissent
par groupes, tous dans un état affreux; l'air
en est infecté.

Je ne crois pas devoir manquer de vous signaler un fait qui, bien certainement, ne vous

aura pas échappé, fait bien simple en lui-même, celui de l'accomplissement d'un devoir sacré, mais qui n'en est pas moins honorable pour l'infortuné capitaine Jugan et pour le corps de la marine impériale. Seul, sur deux cent cinquante cadavres ensevelis jusqu'à ce moment, le corps du capitaine Jugan a été trouvé à peu près intact et parfaitement reconnaissable; cet état de préservation était dû au paletot d'uniforme dans lequel il a été trouvé encore entièrement boutonné. Tous les autres cadavres étaient nus en grande partie. La mort a donc trouvé ce brave et infortuné capitaine, faisant courageusement son devoir, et luttant jusqu'au dernier moment pour les autres sans songer à lui-même.

Voici l'inscription que j'ai fait mettre sur sa tombe :

CI-GÎT

G. JUGAN, CAPITAINE DE FRÉGATE, COMMANDANT LA *Sémillante*, NAUFRAGÉE LE 15 FÉVRIER 1855.

Lavezzi, 15 mars 1855.

Chaque tombe est surmontée d'une croix, et deux grandes croix, faites avec des débris des bouts-dehors de la frégate, sont placées en tête des deux cimetières, situés, l'un dans l'Ouest, et l'autre dans l'Est de l'île. L'ouverture de ces deux cimetières a été rendue nécessaire pour éviter un transport long et difficile dans des rochers escarpés, et même par mesure sanitaire.

. . . .

Le lieutenant de vaisseau commandant l'*Averne*,

BOURBEAU.

A la première nouvelle de l'effroyable sinistre dont le capitaine Bourbeau a fait connaître les émouvantes péripéties, l'Empereur et l'Impératrice, dans leur intarissable sollicitude pour toutes les infortunes, firent remettre aux ministres de la guerre et de la marine une somme de dix mille francs pour être distribuée en secours aux mères, veuves, sœurs et orphelins des marins et soldats qui avaient péri dans le naufrage. Le prince Jérôme souscrivit pour mille francs, et chacun des ministres ainsi que M. le président du conseil d'État pour cinq cents francs. Ces nobles et généreux exemples eurent de prompts et nombreux imitateurs.

En présence d'un pareil désastre, Mgr l'ar-

chevêque de Paris ne crut pas que la religion
pût paraître indifférente, et voulant qu'elle s'as-
sociât au deuil public, il adressa à MM. les
curés de son diocèse la lettre suivante :

Paris, le 6 mars 1855.

Monsieur le curé,

Vous avez appris l'affreux malheur qui a
causé la perte complète d'un des bâtiments de
l'État, et qui plonge un nombre considérable
de familles dans la misère et dans le deuil. Le
naufrage de la *Sémillante* a fait pousser à la
France un cri de douleur. La religion n'est pas
insensible à ces funestes évènements qui dé-
chirent le cœur de la patrie. Elle verse aussi
des larmes sur de tels malheurs et elle y mêle
ses prières. Ces enfants de la France, engloutis
par la tempête, sont morts glorieusement ; ils
sont morts à leur poste, en faisant leur devoir.
Ce n'est pas seulement sur le chemin de la
gloire, mais dans la gloire même qu'ils ont
péri ; la vaste mer a été leur champ de bataille.
Ils sont tombés, non devant les hommes, mais
devant les forces surhumaines de l'ouragan et
les éléments conjurés.

Toutefois, pour nous chrétiens, il reste quelque chose à faire ; nous avons une double dette à acquitter pour ces nobles victimes. Ces hommes qui sont morts avaient une âme immortelle : payons pour elle la dette de la foi et de la prière. Ces soldats, ces intrépides matelots, laissent, la plupart, des familles désolées dont ils étaient l'espérance et le soutien ; apportons quelque adoucissement, s'il est possible, par les dons de notre charité, à de si grandes souffrances.

C'est à cette double fin, Monsieur le curé, que nous ordonnons la célébration d'un service pour l'âme de ces pauvres naufragés. Nous officierons nous-même, à cet effet, dans notre église métropolitaine, le mardi 13 du présent mois, à 11ʰ précises. Après la messe, on fera une quête, et la même quête se fera dans toutes les paroisses à une des prédications des jours suivants. Le produit en sera transmis à l'archevêché et mis par nous à la disposition du gouvernement, pour être employé au soulagement des misères les plus pressantes, produites par ce cruel évènement.

Vous aurez soin, Monsieur le curé, d'annoncer ce service et la quête, en lisant, diman-

prochain, cette lettre au prône de la paroisse.

Recevez, monsieur le curé, la nouvelle assurance de mon bien affectueux dévouement.

☩ MARIE-DOMINIQUE-AUGUSTE,

Archevêque de Paris.

L'initiative prise par Mgr l'archevêque de Paris eut de l'écho. D'autres prélats convièrent les curés de leurs diocèses à célébrer des services funèbres et à les faire suivre de quêtes, qui, jointes au produit de la souscription, permirent d'apporter quelque allégement à la situation matérielle de ceux auxquels elles étaient destinées. Dans les ports de mer, les services eurent plus particulièrement l'aspect d'un deuil de famille, et par cette raison, la charité s'y exerça sur une vaste échelle.

Une formalité restait à accomplir. C'était la déclaration officielle et la fixation de la perte de la *Sémillante*. Elle fut accomplie par M. le ministre de la marine qui déclara, le 22 mai 1855, la perte corps et biens de la frégate la *Sémillante*, naufragée sur l'îlot de Lavezzi (Corse), et fixa au 16 février 1855 la clôture définitive du rôle d'équipage de cette frégate.

INCENDIE

DU

STEAMER HAMBOURGEOIS L'*AUSTRIA*

———

Le trois-mâts le *Maurice,* de Nantes, capitaine Renaud (1), armateurs MM. Leboterf et Greslé, parti de Saint-Nazaire pour Terre-Neuve, le 3 juillet 1858, revenait de cette colonie et se dirigeait vers l'île de la Réunion lorsque, le 13 septembre suivant, par les 45° 06' latitude N. et 44° 01' de longitude O., vers 2ʰ de l'après-midi, il aperçut devant lui un bâtiment; c'était le bateau à vapeur l'*Austria,* capitaine Heitmann, appartenant à la compagnie des paquebots Hambourg-Améri-

(1) RENAUD (Achard-Philippe-Ernest), né le 3 août 1824, à la Davière, commune de Saint-Julien-des-Laudes (Vendée), avait été reçu capitaine au long cours le 4 septembre 1854.

14.

cains, et monté par cinq cent cinquante personnes. De 2^h 30^m à 3^h, on reconnut qu'il était
la proie des flammes. Le *Maurice*, qui en était
alors éloigné d'environ huit milles, manœuvra
pour l'accoster, et à 5^h 30^m, bien qu'il en fut
encore à un mille de distance, il commençait à
recueillir des naufragés ; tout en continuant sa
route, il en sauva douze. Enfin, il mit en panne
et hissa à la corne les couleurs nationales que
saluèrent les cris d'espoir des infortunés dont
si peu devaient survivre à cette effroyable catastrophe.

Les expressions manquent pour peindre les
scènes déchirantes qui se passaient alors.
L'*Austria* n'était déjà plus qu'un brâsier de
l'avant à l'arrière. Le capitaine Renaud, dès
qu'il eut mis en panne, fit armer son canot
que montèrent son second M. Nivert, et le
matelot Gendron, puis sa yole, montée par le
lieutenant Bertaut et les matelots Hamon, de
Saint-Malo, et Mauvillain, de Pornie. Au moment où les deux embarcations accostèrent
l'*Austria*, une foule de malheureux qui en
encombraient le pont, se jetèrent à l'eau malgré les recommandations des deux officiers, et
trouvèrent ainsi dans les flots la mort à la-

quelle ils voulaient se soustraire. Beaucoup de cadavres flottaient déjà sur l'eau. Près d'eux, des vivants luttaient contre le sort affreux qui les attendait. Ici c'était une mère qui s'était précipitée à l'eau après s'être attaché ses trois enfants autour du corps. Près de là, un père disparaissait sous les yeux de son fils qu'il allait atteindre. Plus loin, une jeune personne de dix-neuf ans était engloutie au moment où son frère et sa sœur allaient la recevoir dans leurs bras et la déposer dans le canot où, plus heureux, ils avaient trouvé un refuge. Partout semblables scènes de douleur, partout des cris d'appel, de rage, de désespoir, mêlés à ceux qu'arrachent les plus atroces souffrances. Pendant ce temps, l'œuvre de destruction de l'*Austria* marchait avec une telle rapidité que MM. Nivert et Bertaut désespéraient de lui arracher aucune victime. Ils redoublaient d'efforts; mais les embarcations, entravées dans leur marche par les cadavres flottants, ne purent s'approcher du navire qu'à deux longueurs de canot.

L'*Austria* présentait alors le spectacle le plus navrant. Deux cents personnes au moins étaient entassées sur le beaupré ; ce beaupré était un tube en tôle, et le navire se trouvant évité

l'arrière au vent, la flamme s'engouffrait dans
ce tube, qui devint rouge. Les premiers dessous
moururent calcinés, garantissant la seconde
couche humaine, léchée elle-même par la
flamme, qui la couvrait en forme de dôme.
« Figure-toi, écrivait le 17 septembre, le capitaine Renaud à sa sœur Mme Dejoie, figure-
toi une grappe de raisin dont chaque grain
serait un être vivant, le pied fixé à une position élevée au-dessus de l'eau ; le point d'appui
manque, et tout tombe à la fois. Eh bien ! trente
ou quarante malheureux sont suspendus à la
même corde, fixée sur la lisse du navire ; le feu
impitoyable la brûle, et ces quarante individus,
ne formant qu'un seul bloc, tombent dans l'O-
céan pour ne revenir à la surface que cadavres. » Mais, ce qui n'était pas moins horrible, c'était de voir des malheureux renfermés
dans leurs cabines, et ayant trouvé tout passage
pour fuir intercepté ; ils venaient chercher de
l'air aux hublots du faux-pont, demandant un
secours impossible, et se disputant entre eux
une place qui ne devait leur donner qu'une
minute de plus d'existence.

Obligées, pour manœuvrer, de plonger leurs
avirons entre les débris charbonnés et les épaves

humaines qui jonchaient la mer, les embarcations ne purent faire plus de quatre voyages. A 9ʰ du soir, elles avaient ramené soixante-sept personnes. La mer était grosse, et le temps annonçait une nuit horrible. Tout commandait au capitaine Renaud de ne pas exposer son équipage à des dangers sans compensation probable. Résolu toutefois à accomplir son devoir d'humanité jusqu'aux dernières limites du possible, il se tint à petite voile toute la nuit, afin de rejoindre l'*Austria* dont il se rapprocha au petit jour. Il avait été devancé par le navire norwégien la *Catharina*, capitaine Funnemarck, qui avait sauvé vingt-deux personnes. Comme le capitaine du *Maurice,* celui de la *Catharina* avait mieux compris les devoirs de la solidarité humaine que ceux de trois autres navires étrangers qui, la veille, pendant le sauvetage, avaient passé en vue sans songer à porter secours à leurs semblables.

Les soixante-sept personnes recueillies sur le *Maurice* étaient les cinq officiers de l'*Austria*, six femmes, cinquante-deux matelots ou passagers, trois mousses, et un enfant de huit ans, qui, se soutenant sur l'eau en se traînant de cadavre en cadavre, était parvenu à atteindre

13.

l'un des canots. Elles avaient plus ou moins souffert du feu, surtout les femmes, presque toutes jeunes, et cinq hommes. Les uns et les autres avaient le corps tout boursoufflé par les brûlures ; leurs mains, leurs figures n'étaient qu'une plaie. Vivres et vêtements furent partagés entre ces infortunés et l'équipage du *Maurice* transformé en hôpital où, à défaut de médecin, le capitaine Renaud leur prodigua les soins les plus empressés et les plus intelligents, les pansant de ses propres mains et atténuant leurs souffrances physiques et morales par les attentions les plus délicates.

Le 14 au soir, on rencontra le trois-mâts anglais le *Lotus*, qui prit à son bord un colonel de l'armée britannique et onze autres naufragés. Le capitaine Renaud aurait voulu que ce navire eût pu prendre un plus grand nombre de passagers, car il avait encore à son bord soixante-sept personnes, son équipage compris, et il était au milieu de l'Océan, sans connaître le terme de son voyage. Il lui fallait donc, quoique le cœur lui en saignât, distribuer les vivres avec parcimonie à des malheureux à peine vêtus, n'ayant d'autre abri que des voiles installées à faux-frais et ajoutant à leurs souffrances primitives celle de la faim. Heureusement pour tous, le 19 septembre, à 9ʰ du matin, le *Maurice* mouilla sur la rade de Horta, dans l'île de Fayal (Açores).

D'après le récit des naufragés de l'*Austria*, voici quelle aurait été la cause de l'incendie. Le médecin du navire, ayant jugé nécessaire de sanifier la partie occupée par les passagers de troisième classe, on avait chargé de ce soin le bosseman (maître d'équipage), qui, à cet effet, avait mis du goudron dans un grand vase et y avait plongé un fer rouge afin d'en dégager une vapeur qui eût purifié les lieux malsains. Soit que le roulis eût fait chavirer le vase, soit qu'il eût éclaté de lui-même, toujours est-il qu'on n'avait pas tardé à voir le goudron courir sur le pont en serpentant et y former autant de petits ruisseaux enflammés. Dès que les cris : *Au feu!* s'étaient fait entendre, les premiers arrivés sur les lieux avaient jeté sans ordre de l'eau sur le goudron, qui n'avait eu ainsi que plus de facilité à se répandre partout et à propager l'incendie. En vain le capitaine veut-il commander, il n'est pas obéi. La panique devient générale. Tous courent çà et là comme un troupeau égaré, et nul ne songe à prévenir le désastre qui va s'accomplir.

Les témoignages les plus éclatants de la re-connaissance publique furent adressés au capi-taine Renaud et à ses intrépides compagnons. La compagnie hambourgeoise - américaine lui fit présent d'un service d'argenterie, composé d'une théière, d'une cafetière, d'un pot au lait, d'un sucrier, d'un plateau, et portant l'ins-cription suivante : *Offert au capitaine Ernest-Achard-Philippe Renaud, du navire français barque* MAURICE, *par la compagnie des steamers hambourgeois-américains, en récompense de ses nobles efforts pour avoir sauvé, le 13 septem-bre 1858, l'équipage et les passagers du stea-mer* AUSTRIA, *incendié à la mer.* MM. Nivert et Bertaut reçurent chacun un chronomètre en or, et l'équipage une somme de six cents francs. Le sénat de Hambourg « sur le rapport qui lui avait été adressé de ce sauvetage, qui fait tant d'honneur à la marine française, et plein d'admiration pour la conduite aussi héroïque-ment courageuse que noble et désintéressée du capitaine Renaud, de ses officiers et de tout son équipage » conféra au premier la grande mé-daille en or, instituée pour des circonstances exceptionnelles et pour des services éminents

— elle n'avait encore été conférée qu'une fois — des médailles d'argent aux deux officiers, et une somme de trois mille marcs de banque, soit cinq mille six cent dix francs, dont un tiers pour le capitaine et les deux autres tiers pour les officiers et l'équipage. Des récompenses semblables furent décernées au capitaine Funnemarck, à ses officiers et à son équipage. La société hambourgeoise pour l'encouragement des beaux-arts et des métiers utiles vota, de son côté, une adresse de remerciements au capitaine Renaud, et le commerce de la ville lui envoya la somme de deux mille quatre cent cinquante francs, produit d'une souscription à laquelle avaient spontanément contribué les notables armateurs et commerçants de la ville ainsi qu'un grand nombre de leurs concitoyens. L'association de bienfaisance de New-York pour la vie sauve ne pouvait manquer de se montrer sympathique à celui qui avait si noblement accompli la mission qu'elle s'est imposée elle-même ; aussi lui fit-elle parvenir une médaille d'or. A ces divers témoignagnes de gratitude se joignirent ceux du gouvernement Français et des principales puissances étrangères. L'Empereur, par un

décret du 1er décembre 1858, nomma le capitaine Renaud chevalier de la Légion d'honneur ;
la reine Victoria lui envoya une médaille d'or,
le grand-duc de Hesse le nomma chevalier de
l'ordre du mérite de Philippe le Magnanime, et
le roi de Prusse lui fit expédier les insignes de
l'ordre royal de l'Aigle-Rouge de quatrième
classe.

Ceux que le capitaine Renaud avait sauvés
ne l'oublièrent pas. Plusieurs d'entre eux lui
prouvèrent combien la reconnaissance était
gravée dans leurs cœurs. Bien des familles
appelèrent sur lui les bénédictions du ciel. De
ce nombre fut celle de M. Glaubensklce, de
Kœnigsberg, l'un des passagers de l'*Austria* recueillis par le *Maurice*. Ses trois sœurs firent
remettre au capitaine Renaud une lettre des
plus touchantes, accompagnée d'un buvard en
cuir de Russie avec ornements en relief. Sur ce
buvard se voyaient une couronne et un bouquet
peints par elles-mêmes à l'aquarelle. L'idée qui
avait présidé à l'exécution de ce travail était des
plus ingénieuses et des plus délicates. La couronne et le bouquet se composaient de plantes,
fleurs, arbres, arbustes, etc., dont les noms
formaient deux acrostiches reproduisant en al-

lemand, les noms *Austria* et *Renaud* de la manière suivante :

Couronne			Bouquet	
A pfelbluthe,	fleur de pommier.		R ose,	rose.
U lme,	orme.		E phuu,	lierre.
S alvei,	sauge.		N arcisse,	narcisse.
T hymian,	thym.		A urikel,	oreille d'ours.
R ose,	rose.		U lme,	orme.
I asmin,	jasmin.		D almatica,	dalmatica.
A zalie,	azalée.			

(*Le capitaine Ernest Renaud et l'incendie du steamer l'*AUSTRIA*, par Armand Guéraud, correspondant du Ministère de l'instruction publique, de la Société des antiquaires de France, etc. Nantes, Armand Guéraud et Cie., 1860, 39 pages in-8°.)*

L'horrible catastrophe dont nous venons de retracer les principaux incidents d'après le récit de feu notre excellent et regretté ami Armand Guéraud, a donné lieu à deux lettres écrites par des passagers de l'*Austria*, lettres insérées dans les *Nouvelles annales maritimes et coloniales* (t. 2, an. 1858), et dans le *Moniteur de la flotte*. Nous les reproduisons ici parce qu'aucune circonstance de ce sinistre ne nous semble devoir être passée sous silence.

Voici comment s'exprimaient les *Nouvelles annales maritimes et coloniales* :

L'Océan vient encore une fois d'être le théâtre d'un de ces drames lugubres qui, depuis quelques années, sont venus jeter l'effroi dans les deux Mondes. L'*Austria*, steamer transatlantique-hambourgeois, a ajouté son nom à la liste funèbre dont le *Président* tient la tête, et a fourni son contingent de cinq cents personnes aux deux mille victimes des naufrages antérieurs. Nous enregistrons ce sinistre dont nous empruntons le récit aux journaux de New-York arrivés par le *Persia*. C'est un des naufragés échappé miraculeusement à la mort qui raconte ce qu'il a vu.

Les capitaines du *Rosenhaeth* et de l'*Arabian*, arrivés le 22 et le 25 à Halifax, ont fait rapport que le 15 septembre au matin, par 45° 12' de latitude Nord et 41° 48' de longitude Ouest, ils avaient aperçu un grand steamer à coque rouge en feu. L'*Arabian* s'était approché du steamer incendié et n'avait trouvé personne à bord. Ces nouvelles, parvenues dans notre ville par télégraphe, y avaient produit une immense impression. On ne savait si le malheureux steamer était l'*Alps*, le *North-Star*, ou l'*Austria*, quoique plusieurs circonstances nous portassent à croire que c'était le dernier nommé, attendu depuis plusieurs jours dans notre port. L'arrivée du *Lotus*, à Halifax, est venue confirmer nos tristes prévisions. D'environ cinq cent cinquante personnes qui se trouvaient à bord de l'*Austria*, soixante-sept seulement ont été sauvées. Mais laissons à l'un des passagers, M. Charles Brews, le pénible soin de raconter les causes du sinistre et les terribles péripéties de cet effroyable drame maritime :

« Je pris passage, le 4, à Southampton, sur le steamer *Austria*, capitaine Heydtmann, parti de Hambourg le 2. Nous nous mîmes en route à 5ʰ de l'après-midi, le temps étant un peu nébuleux ; c'est ce qui fit que nous jetâmes l'ancre entre l'île de Wight et la terre ferme. A 4ʰ du matin, nous reprîmes notre course. En levant l'ancre, il est survenu un accident qui a occasionné la perte d'un homme de l'équipage, dû sans doute à des défauts d'entente : le câble qui retenait l'ancre s'est détendu autour du cabestan en faisant tournoyer la masse de fer dans toutes les directions. Deux des hommes ont été blessés sérieusement, un troisième a été lancé par-dessus le bord : on présume qu'il a été tué du coup, car on ne le vit plus reparaître à la surface de l'eau.

15

» Depuis le moment où nous avons pris la mer, nous avons éprouvé de forts vents d'Ouest. Le 12, le temps était plus favorable, et le 13, on avait atteint une vitesse de treize nœuds à l'heure, de sorte que tout le monde avait l'espoir d'arriver le 18 à New-York. Un peu après 2^h de l'après-midi, je me trouvais sur le gaillard d'arrière lorsque je vis un épais nuage s'échapper à peu de distance du logement des matelots. Quelques femmes coururent à l'arrière, en s'écriant : « *Le navire est en feu ! Qu'allons-nous devenir ?* » Le navire fut aussitôt réduit à la moitié de sa vitesse, et continua ainsi jusqu'à ce que le magasin à poudre fît explosion : je présume que les mécaniciens ont alors été suffoqués. Je passai de l'endroit où j'étais au milieu du navire, et je vis alors les flammes s'échappant par les ouvertures de côté. Le navire avait dans ce moment vent debout, ce qui fit que le feu fit des progrès effrayants.

» J'allai trouver alors l'homme au timon et lui dis de présenter les flancs du navire au vent. Il hésita, probablement qu'il ne comprit pas, car il était natif de Hambourg. — Je m'adressai alors à un Allemand pour qu'il lui parlât. Je vis dans ce moment plusieurs per-

sonnes qui mettaient à l'eau un canot par l'ouverture du gaillard d'arrière. Je ne sais ce qu'il
advint de ce canot, mais je pense qu'il a été
brisé sous l'hélice. Je voulus après cela descendre un des canots par le tribord du gaillard
d'arrière ; mais à peine avions-nous saisi les
cordages qu'il y eut tant de personnes qui s'y
précipitèrent, qu'il nous fut impossible de l'enlever des poulies. Nous nous arrêtâmes quelques instants jusqu'à ce que tout le monde fût
ressorti du canot, et nous parvînmes alors à le
soulever par-dessus le bord ; les mêmes personnes s'y précipitèrent de nouveau et le firent
s'abîmer avec force dans la mer ; il s'enfonça
aussitôt, engloutissant tous ceux qu'il contenait, à l'exception de trois individus qui s'accrochèrent aux côtés de l'embarcation. Nous
lançâmes une corde et attirâmes à nous un
individu qui se trouva être le maître d'hôtel.
Un autre, que l'on était sur le point de retirer
également, fut étranglé par la corde.

» Le feu avait acquis trop d'intensité pour
que l'on cherchât à sauver d'autres personnes
du canot submergé. Tous les passagers de première classe se trouvaient sur la dunette, à l'exception de quelques hommes qui ont dû être

suffoqués dans le salon à fumer ; plusieurs des
passagers de seconde classe se trouvaient également sur la dunette ; un grand nombre auront sans doute été mis par les flammes dans
l'impossibilité de sortir de leurs cabines. Quelques-uns d'entre eux furent hissés à travers le
ventilateur ; mais la plupart malheureusement
ne purent être retirés. La dernière femme que
l'on retira fit connaître que six personnes s'é-
taient déjà trouvées étouffées. Nous nous aperçûmes alors que le navire avait repris sa première position, de manière que les flammes
arrivaient déjà jusque sur le gaillard d'arrière.

» La foule m'empêchait de parvenir jusqu'à
la roue pour pouvoir me rendre compte de la
raison de ce changement de direction ; mais
j'appris que le timonier avait quitté son poste,
et que le navire, abandonné à lui-même, s'était
mis avec le vent debout. Dans ce moment, la
scène qui se passait sur le gaillard était impossible à décrire et véritablement navrante. Les
passagers couraient de côté et d'autre, fous
de terreur ; des maris cherchaient leurs femmes,
des femmes leurs maris, des mères déploraient
la perte de leurs enfants, d'autres demandaient
à grands cris qu'on les sauvât ; très peu avaient

conservé leur sang-froid et leur présence d'esprit. Les flammes s'avançaient cependant si près des passagers que plusieurs s'élancèrent dans la mer ; des parents, se tenant embrassés, sautaient par-dessus le bord et trouvaient la mort ensemble ; deux demoiselles que l'on suppose avoir été sœurs, se jetèrent à la mer et disparurent en s'embrassant.

» Un missionnaire se précipita à la mer avec sa femme ; ils furent suivis par la femme de chambre et le maître d'hôtel. Un Hongrois, père de sept enfants, dont quatre filles, fit sauter sa femme d'abord, et après avoir donné sa bénédiction aux six aînés, il les fit sauter l'un après l'autre ; il suivit lui-même sa famille en tenant son dernier enfant dans ses bras. Pendant toute cette scène, je me tenais au bastingage, au dehors du navire et me penchais le plus que je pouvais pour échapper aux flammes qui s'avançaient vers moi. J'aperçus au-dessous de moi un bateau submergé, se balançant encore à une corde retenue au navire ; les avirons s'y trouvaient attachés et je pensai que si je pouvais m'en saisir, je serais en état de me sauver et d'aider d'autres personnes à en faire autant.

» Je me trouvais à environ un quart de mille du steamer. Je pouvais voir les hommes et les femmes se jetant à l'eau de la dunette ; plusieurs dames avaient déjà leurs vêtements embrâsés. Beaucoup de ces malheureux hésitaient à faire ce saut de plus de vingt pieds ; mais ils y étaient bientôt forcés par les flammes qui s'approchaient. Au bout d'une heure et demie, personne ne se voyait plus sur la dunette. Je ramai alors du côté du bâtiment, et je recueillis un Allemand qui se soutenait sur l'eau en nageant.

» A 7^h 30^m, après cinq heures d'angoisses pendant lesquelles nous n'avions pas aperçu une seule voile, la barque française *Maurice* nous recueillit. Elle avait déjà quarante personnes. Vers 8^h, vingt-trois personnes qui se trouvaient dans un bateau métallique furent également recueillies.

» Je ne vis aucun officier pendant le sinistre : il n'y en avait aucun sur la dunette. Quand le capitaine entendit crier au feu, il s'élança sur le pont, sans casquette, en criant : « *Nous sommes perdus!* » Il essaya de mettre une nacelle à l'eau, mais l'embarcation fut submergée, et le capitaine tomba à la mer.

» Le quatrième lieutenant coupa la corde de la nacelle qui fut bientôt mise en pièces par l'hélice, et plusieurs qui s'y trouvaient furent noyés ; trois ou quatre hommes se sauvèrent sur un fragment et furent recueillis par le *Maurice*, ainsi qu'il est dit plus haut. Vers ce moment, on descendit une embarcation insubmersible en fer, mais elle se remplit d'eau, et trente-trois personnes qui s'y trouvaient furent ainsi noyées. On vida ensuite l'eau au moyen d'appareils de sauvetage coupés en deux, et l'on rama vers le *Maurice* ; avant d'atteindre cette barque, on recueillit encore deux ou trois passagers en chemin. En tout, le *Maurice* prit à son bord, durant cette nuit, vingt-sept personnes.

» Vers le matin, une barque norvégienne arriva près du steamer, et nous observâmes qu'elle envoya une embarcation autour du navire en feu.

» Le *Maurice* n'a point eu de communication avec cette barque norvégienne.

» Vers 7ʰ, le *Maurice* mit à la voile vers Fayal pour débarquer les naufragés. Vers 2ʰ de l'après-midi, nous fîmes la rencontre de la barque *Lotus*, allant à Halifax. Etant très désireux d'arriver sur le sol anglais, le capitaine Trefy m'offrit un passage à son bord ; il désirait également se charger de tous les citoyens américains ; mais on s'empressait tellement dans les embarcations qu'on ne put prendre que onze personnes, dont plusieurs étrangers.

» Le feu a éclaté par suite d'une coupable imprudence. Le capitaine et le médecin ayant jugé nécessaire de fumiger l'entrepont avec de la vapeur de goudron, le maître d'équipage fut chargé de cette besogne, sous la surveillance du quatrième lieutenant. Le maître d'équipage voulut se servir d'une chaîne rougie au feu pour faire évaporer le goudron ; mais pendant qu'il en tenait l'extrémité dans sa main, l'autre bout s'échauffa tellement, qu'il laissa tomber le fer rouge sur le pont. Immédiatement le bois s'enflamma ; le goudron renversé prit feu. Un faible effort fut tenté pour éteindre l'incendie, mais inutilement. On n'avait pas sous la main ce qu'il aurait fallu pour cela. Les passagers sauvés n'ont pu emporter que les vêtements qu'ils avaient sur le dos, et encore sont-ils en partie brûlés. Il devait y avoir six cents personnes à bord, y compris un grand nombre de femmes et d'enfants. »

Le *Moniteur de la flotte* donne, de son côté, les détails suivants :

« Les naufragés de l'*Austria*, sauvés par la barque *Catharina*, ont donné sur cet affreux sinistre quelques détails complémentaires. La pompe à feu, paraît-il, n'a pas été mise en mouvement. On essaya bien de l'employer, mais les flammes firent reculer les travailleurs. Les canots de sauvetage étant suspendus vers le milieu du bâtiment, il fut impossible de les mettre tous à l'eau ; l'un d'eux, descendu rempli de monde, chavira bientôt sous les efforts des malheureux qui s'étaient déjà jetés à la mer, et qui tentaient de s'accrocher à ses bords.

» Un autre canot demanda si longtemps pour être mis à l'eau que les gens qui s'y trouvaient se jetèrent à la mer pour échapper aux flammes qui commençaient à le gagner. Près du gaillard d'avant, on affermit des cordes aux chaînes placées le long des abords extérieurs du bâtiment, et beaucoup s'y accrochèrent ; mais, à mesure que les flammes s'avançaient, ces malheureux lâchaient prise, et trouvaient la mort dans l'Océan. Sur le beaupré, les passagers étaient entassés par trois ou quatre

15.

l'un sur l'autre. C'était un dernier refuge, et encore ne fut-il que momentané. Peu à peu le feu les repoussa de cet asile, et enfin il ne resta plus qu'un seul homme sur la pointe extrême.

» Dix-huit personnes s'étaient accrochées aux chaînes qui soutenaient le beaupré, et restèrent ainsi suspendues jusqu'au lendemain matin, à 4^h. Un matelot grimpa alors de l'étai jusqu'au beaupré, et, trouvant qu'il était possible d'éteindre l'incendie, au moins sur cette partie du navire, il donna l'ordre aux individus qui se trouvaient cramponnés aux chaînes de tremper leurs vêtements dans l'eau, et ensuite de les lui passer. On obéit, et le feu put être assez calmé pour que le beaupré redevînt un lieu de refuge comparativement sûr. Ce sont les passagers qui s'étaient réunis là que la barque la *Catharina* est si heureusement parvenue à sauver. »

M. Andrew Lundsteain, passager suédois, fait le récit suivant :

« Le 13 septembre, vers 2^h de l'après-midi, au moment où le feu se déclara à bord de l'*Austria*, je me trouvais vers le milieu du bâtiment, et vis les flammes sortir de l'écoutille d'arrière jusqu'à une hauteur de trois ou quatre pieds. En courant vers l'avant, j'aperçus le feu qui se frayait également un chemin à travers les panneaux de ce côté. Je vis à ce moment le capitaine s'élancer sur le pont, jeter bas son habit et courir vers le bastingage comme s'il allait s'élancer à l'eau. M. Sweensen, un suédois, le saisit par le bras, l'attira en arrière et lui demanda ce qu'il fallait faire. La réponse du capitaine fut qu'il n'en savait rien lui-même. Il courut alors vers l'arrière, et je le perdis de vue au milieu de la foule des passagers. Je voyais cependant que le feu augmentait rapidement et nous menaçait d'une manière terrible. Les passagers étaient tellement serrés qu'ils se précipitaient l'un l'autre par-dessus le bord. Je fis en sorte d'arriver jusqu'aux cordages, et, m'emparant d'une corde, je l'attachai solidement, puis y fis un nœud coulant, de manière à former une sorte de siége à environ deux pieds au-dessus de l'eau. Dans cette position, environ trois heures après le commencement de l'incendie, je vis le mât de misaine et le grand mât tomber à l'eau par tribord, et fus en grand danger d'être frappé par la vergue qui restait suspendue aux flancs du navire et tomba seulement à la mer lorsque tous les agrès furent brûlés.

» Regardant autour de moi pour voir si je trouvais quelque objet flottant auquel je pusse m'accrocher, j'aperçus la pointe du grand mât s'élevant à environ deux pieds au-dessus de l'eau. Il est probable que les agrès s'étaient engagés dans l'hélice. Je me laissai affaler et me mis à nager vers ce point : je parvins à l'atteindre et à m'y cramponner, ce qui me permit de me maintenir à flot. A ce moment, je vis trois personnes suspendues aux flancs du navire par des cordes, et je jetai un bout de corde à l'une d'elles qui se trouva être le cuisinier. Je l'attirai à mon côté où il resta toute la nuit. Nous vîmes nombre de cadavres flottant autour de nous.

» Jusqu'à la brune, l'hélice tourna lentement, toutes les fois que le navire se soulevait par l'arrière.

» Pour m'empêcher d'être brûlé, je fus obligé d'ôter mon habit, de le plonger dans l'eau et de me l'appliquer sur le côté. Je fus toutefois brûlé à l'épaule, ne pouvant protéger cette partie de mon corps. Je souffre encore de nombreuses brûlures.

» Au moment où éclata l'incendie, j'aperçus au loin des navires. L'un d'eux, une barque française, arriva jusqu'à un mille du steamer, vers 5ʰ du soir, et y envoya deux embarcations; mais ni l'une ni l'autre ne vint à portée de voix. Je les vis recueillir des gens flottant çà et là. Elles se tinrent sous le vent de l'*Austria,* et je ne les apercevais que de temps à autre, quand le steamer tournait sur lui-même. Les embarcations battirent ainsi la mer jusqu'à la nuit et retournèrent alors vers la barque. J'aperçus une lumière hissée dans ses haubans jusque vers 10ʰ du soir, et on pense avoir eu ce même navire en vue jusqu'à 2ʰ du matin.

» Le 14, j'aperçus tout près de l'épave un bâtiment qui se trouva être la *Catharina*. Ce navire ayant couru une bordée au vent du steamer, le jour commençait à poindre lorsqu'il envoya son grand canot pour nous recueillir. On trouva alors dix-huit personnes dans le beaupré, trois (moi compris) dans l'étai, le long du steamer, et une autre, vers l'arrière, accrochée au bastingage.

» Une jeune fille et son frère avaient passé la nuit dans le beaupré, accrochés aux agrès. La *Catharina* mit une demi-heure à nous recueillir; je fus l'avant-dernier que l'on prit à bord, et je ne crois pas que j'aurais pu tenir longtemps, car je commençais à m'épuiser, et la mer grossissait. Du reste, la lame n'avait pas cessé de déferler sur moi pendant toute la nuit. »

Ce récit montre trop clairement que les naufragés recueillis par la *Catharina* sont les derniers dont on puisse jamais entendre parler.

PERTE D'UN BATEAU DANS LA RADE DE BREST

Le bateau qui faisait habituellement le service entre Quélern et Brest étant échoué par suite de la grande marée d'équinoxe, on l'avait remplacé par un bateau plat qui n'était conduit que par le patron Allaouen et un jeune matelot. Il y avait huit passagers, dont sept appartenaient au 7e régiment de ligne, et étaient en corvée d'ordinaire. C'étaient MM. Lemonnier, capitaine adjudant-major; Nottet, capitaine; Bassy, Benoît, sous-lieutenants; le caporal Renn, et les deux grenadiers Louis André et François Mathieu. La huitième personne était une marchande ambulante.

Le vent soufflant du Nord, le patron Allaouen avait engagé les passagers à s'embarquer à Roscanvel plutôt qu'à Quélern. L'embarcation

partit, le 22 mars 1859, à 10ʰ 30ᵐ du matin,
et après avoir deux fois viré de bord, parvenue
à la hauteur de la pointe de l'Île-Longue, elle
essaya de virer une troisième fois, mais la
manœuvre manqua parce qu'on n'avait pas
assez rapidement filé une écoute, et le bateau
chavira complètement.

Le caporal disparut; les autres passagers
réussirent, ainsi que le patron et le matelot, à
s'accrocher aux débris. La mer était grosse,
et, à chaque instant, ils étaient couverts par la
lame. La femme, hissée sur la quille qui, au
premier moment, s'élevait à fleur d'eau, tint
avec beaucoup de courage pendant environ une
demi-heure; mais le bateau s'enfonçant petit à
petit, la malheureuse fut enlevée par une lame,
et après elle le patron, puis M. Lemonnier qui,
ayant eu le mal de mer, avait déjà perdu
beaucoup de ses forces au moment de la catastrophe et périt épuisé.

M. Bassy, qui savait nager, essaya de gagner le rivage à l'aide d'un aviron. Cinq passagers étaient donc restés sur l'embarcation
renversée et enfoncée de près d'un mètre quand,
environ une heure et demie après, l'aviso à
vapeur l'*Elorn*, prévenu par un douanier de la

côte, vint sauver M. Nottet, M. Benoît, les deux grenadiers et le matelot. Il était grand temps! Ils reçurent à bord de l'*Elorn* les soins les plus empressés et les mieux entendus.

Un peu avant le sauvetage, les naufragés avaient aperçu M. Bassy se soutenant sur une épave, mais il n'avait pas tardé à disparaître.

Ce sinistre privait du même coup le 7e de ligne de deux de ses officiers et d'un caporal. A cette perte il fallait ajouter celle d'une femme et du patron Allaouen, père de six enfants.

Le grenadier André avait montré, en cette cruelle circonstance, beaucoup de courage et de sang-froid. Il avait constamment soutenu son camarade Mathieu qui s'était cramponné à lui.

ÉCHOUAGE DU VAISSEAU LE *DUGUESCLIN*

DANS LA BAIE DE ROSCANVEL

Le 14 décembre 1859, à 9^h 30^m du matin, un évènement désastreux s'accomplissait sur le rocher la Couette (Grenoc'h), situé près de la pointe nord de l'Ile-Longue; le vaisseau de 82e le *Duguesclin*, armé pour essayer la machine de six cents chevaux de M. Mazeline, dont il venait d'être pourvu, s'échouait sur cet écueil, mal connu du pilote de la rade qui était à bord.

Ce jour là, le temps étant assez beau, le vent au N.-E., brise fraîche et la mer belle, la commission chargée de procéder aux essais de la machine, sous la présidence de M. le capitaine de vaisseau Longueville, commandant supérieur des bateaux à vapeur, s'était ren-

due à bord vers 8ʰ 30ᵐ du matin, et à 8ʰ 58ᵐ,
le *Duguesclin* se mettait en route, sous vapeur, pour la base des essais indiquée par des
bouées placées, celle de l'Ouest à petite distance
de l'Ile-Longue, l'autre près de Penarvin. Ses
voiles étaient, comme d'usage, serrées et enfermées dans des étuis pour qu'elles fussent
préservées de la flamme. Son personnel était
de cent quatre-vingt-quatre hommes dont beaucoup embarqués de la veille seulement.

Si nous indiquons le moment précis de quelques circonstances du sinistre, c'est qu'il s'est
accompli dans un espace de temps assez restreint, et que vers 5ʰ du soir, instant où l'eau,
envahissant le navire, força à abandonner les
deux seules pompes qu'il possédât, sa perte
était devenue inévitable.

Vers 9ʰ 20ᵐ, tout paraissait bien marcher
dans la machine qui donnait une vitesse de
neuf nœuds cinq dixièmes, lorsqu'un passant
près de la pointe des Espagnols, M. le capitaine de frégate Choux, commandant du vaisseau, fit observer au pilote que sa route lui
paraissait bien rapprochée de terre, et qu'il
était dangereux pour un grand navire de
s'enfoncer dans la baie de Roscanvel. Le pilote

lui répondit : « Soyez sans inquiétude, je suis
sûr de ma route; il y a grande eau. » Toutefois, il fit venir un peu plus vers l'Est.

Quelques moments après, le vaisseau se
rapprochant de la bouée Ouest de la base, qui
lui restait à quelques encablures seulement
par le bossoir de bâbord, le commandant demanda par le porte-voix, de la passerelle à
la machine, si l'on était prêt pour les essais.
Sur la réponse : « Non, l'on n'est point prêt, »
faite par M. l'ingénieur Jay, qui suivait les
mouvements de la machine, il ordonna au pilote de faire route directe sur la base et de ne
point en dévier jusqu'à l'instant où l'on serait
en mesure de commencer les épreuves de la
machine. Le pilote obéit et fit mettre de la
barre à tribord. Presque aussitôt, préoccupé
par la pensée d'avaries possibles dans une machine non encore éprouvée, et des lenteurs
qu'occassionnerait le déploiement des voiles
du vaisseau, enfermées dans des étuis, s'il devenait urgent de les faire appareiller par un
équipage faible et tout nouveau à bord, le
capitaine Choux descendit vivement dans la
machine afin d'être fixé sur l'état des choses.
Dès qu'il eut appris que tout fonctionnait bien

dans la machine, et qu'un quart d'heure au plus suffirait pour y régler l'alimentation, les injections et les extractions, il remonta rapidement et pleinement rassuré sur le pont.

Le commandant Choux avait encore un pied dans l'échelle de commandement lorsqu'il vit que le pilote n'avait point continué à exécuter son ordre de naviguer sur la base des essais. Le vaisseau avait repris la direction de l'Ile-Longue, malgré les observations adressées par M. le capitaine de frégate Robin, membre de la commission, au pilote Picard, qu'il lui paraissait que l'on courait trop à terre. « Oh! il y a grande eau, » avait répondu le pilote.

Cependant le commandant Choux, ayant encore un pied sur l'échelle, était à toucher la roue du gouvernail. Il fit mettre aussitôt la barre pour courir au large, puis, sautant sur la passerelle, il demanda au pilote s'il voulait couper la terre en deux. Ce dernier lui répondit tranquillement : « Oh! quand nous serions à toucher cette pointe (celle de l'Ile-Longue), il y a trente-deux pieds d'eau. »

Le vaisseau venait toujours en grand sur bâbord, et le commandant jugeant sa vitesse de près de dix nœuds suffisante, s'il devait

parer la Couette, trop forte pour le cas contraire, fit stopper; puis il fit mettre, mais inutilement, la machine en arrière. Presque au
même instant, il sentit un glissement sur le
fond : le vaisseau s'échouait, sans secousse
vive, sur l'accore nord de la Couette, à sept
mètres environ de sa limite extérieure, et inclinait sur tribord d'au moins 5°. Il était 9^h
31^m et la marée descendait. A ce moment, le
commandant, se tournant vers le pilote, le regarda fixement en lui disant : « Eh bien, pilote! » Celui-ci lui répondit aussitôt en se
saisissant les cheveux : « Oh! commandant,
vous pouvez me faire fusiller ; c'est ma faute. »

A 9^h 35^m, le signal : « *Le navire est échoué
sur un fond dur* » signal flottant à la mâture
du *Duguesclin*, et appuyé d'un coup de canon,
annonçait à Brest et aux vaisseaux mouillés
sur la rade (1) le malheur qui venait d'arriver.
En même temps, les mâts de perroquet étaient
dépassés, les embarcations mises à la mer, et
l'on passait les drisses des basses vergues ainsi
que les guinderesses des mâts de hune. L'intention du commandant était de béquiller avec

(1) L'*Algésiras*, sur lequel le contre-amiral Pâris avait son pavillon,
l'*Impérial* et l'*Austria*.

les basses vergues sur tribord afin d'empêcher une trop forte inclinaison de ce côté.

A 10^h, des canots munis d'ancres à jet partaient du bord pour les mouiller N.-E. et N.-O., direction la plus commode pour renflouer, à la marée montante, le vaisseau autour duquel les sondes étaient réparties de la manière suivante :

A l'arrière	7^m	75^c
A TRIBORD. — Au porte-hauban d'artimon. .	7	25
— Au grand porte-hauban . . .	5	75
— Au porte-hauban de misaine .	7	»
Sous le bossoir.	7	25
Sous la poulaine.	9	50
A BABORD. — Au porte-hauban d'artimon. .	8	»
— Au grand porte-hauban . . .	8	»
— Au porte-hauban de misaine .	10	»
Sous le bossoir.	8	»
Sous la poulaine.	5	»

Tout-à-coup, à 10^h 15^m, au moment où l'on amenait les basses vergues pour les disposer en béquilles, le vaisseau se redresse, puis il se penche lentement sur bâbord pour s'arrêter à huit degrés au moins d'inclinaison du côté de la déclivité de la roche.

Cette situation était menaçante. Aussi le commandant ordonna-t-il de jeter à la mer les

canons des gaillards et de la batterie haute de
bâbord ainsi que les ancres. Les sabords des
batteries furent fermés, consolidés, calfâtés,
et les hublots fortement resserrés. La sonde
aux pompes n'accusait point d'eau dans le navire, mais l'inclinaison augmentait avec la
marée qui descendait.

Le commandant Choux, dès qu'il avait vu
que la machine ne pouvait être utilisée pour
le moment, avait fait faire le vide dans les
chaudières de bâbord et pousser les feux au
fond des fourneaux; puis, jugeant que l'inclinaison pouvait rendre dangereux le séjour
dans la machine, il avait fait éteindre tous les
feux et ordonné une forte extraction dans les
chaudières de tribord. Il fit alors monter le
personnel de la machine, après avoir reçu
l'avis que les prises d'eau étaient fermées et
l'arbre de l'hélice désembrayé. Les chaudières
de bâbord paraissaient soulevées d'une manière
sensible, et le parquet de la chambre de chauffe
était bombé d'environ quinze centimètres sur
sa largeur de quatre mètres. Il pouvait être
11^h du matin. L'ordre d'évacuer la machine
et les cales fut alors donné d'une manière ab-
solue.

A 11ʰ 10ᵐ, l'inclinaison était de 25° et augmentait encore, mais faiblement. Toutefois, comme la déclivité du fond pouvait faire craindre de voir chavirer le vaisseau qui avait encore à supporter plus d'une heure de jusant, le commandant donna l'ordre de transporter sur l'Ile-Longue, avec leur dîner, tout ce que les canots pourraient contenir de monde, en commençant par les malades, les novices et les surnuméraires. Les canots partirent vers 11ʰ 30ᵐ, munis de faux-bras pour assurer leur rentrée à bord, la brise N.-E. ayant encore fraîchi. Le débarquement se fit sans accident, et au retour des canots, vers midi, on fit descendre le reste de l'équipage, avec du biscuit, pour dîner le long du bord.

En ce moment, des embarcations des vaisseaux mouillés sur la rade arrivèrent avec un renfort de personnel et deux pompes à incendie, en même temps que le *Souffleur*, le *Marabout* et le *Liamone*. Le commandant renvoya immédiatement à Brest le dernier de ces vapeurs avec une lettre où il informait le préfet maritime que le vaisseau ne faisant point d'eau, il espérait le remettre à flot vers 4ʰ de l'après-midi, à la condition *qu'il fût pourvu*

16

d'un nombre suffisant de pompes puissantes.

A midi 49ᵐ, la mer était basse, et le navire n'avait point fait d'eau, car environ soixante centimètres que l'on avait observés sur le flanc bâbord, et qui n'avaient point augmenté, devaient provenir des arrosements de la machine ou des caisses à eau que l'on avait vidées. La hauteur moyenne de l'eau autour du navire, à marée basse, a été de trois mètres.

A 1ʰ 10ᵐ, le maître calfat prévint que l'eau commençait à paraître sur le parquet de la machine, et l'on mit à sa disposition des gabiers et des canonniers pour l'épuiser. Jusqu'à 2ʰ 50ᵐ, les deux pompes de cale, celle à incendie du *Duguesclin* et les deux pompes à incendie envoyées par les navires purent étaler; mais, à mesure que la mer montait, les coutures fatiguées du vaisseau présentaient à l'eau des ouvertures plus nombreuses, et malgré le personnel employé à des chaînes d'épuisement auxquelles vinrent se joindre quatre nouvelles pompes à incendie envoyées par les vaisseaux de la rade, le niveau de l'eau montait dans le *Duguesclin*.

A 2ʰ 55ᵐ, le commandant jugea prudent de mettre à l'abri les sacs de l'équipage. Il les fit monter du faux-pont et envoyer à bord du *Souffleur*.

A 3ʰ 50ᵐ, le vapeur le *Porteur* amenait du port des ancres et des grelins, mais aucune pompe.

A 4ʰ 15ᵐ, le commandant Choux fit établir quelques voiles orientées pour essayer de redresser le vaisseau, mais ce moyen fut impuissant, et, à 4ʰ 30ᵐ, il dut perdre l'espoir de voir le *Duguesclin* se relever, lorsque l'eau envahissant le faux-pont, il lui fallut faire abandonner la pompe de cale de bâbord dont les hommes avaient de l'eau jusqu'à la ceinture.

A 5ʰ, au moment où l'eau allait faire irruption dans le faux-pont par les panneaux de la batterie basse, il donna aussi l'ordre de quitter la pompe de tribord.

A 6ʰ, la mer se nivelait à l'intérieur et à l'extérieur; l'inclinaison du vaisseau était de vingt-huit degrés.

La mer était haute à 6ʰ 54ᵐ. Elle se retira du navire avec le jusant, et les murailles du vaisseau commençaient à se courber légèrement.

A minuit, l'*Elorn* arriva avec des ouvriers et des matériaux envoyés du port d'où l'on avait déjà expédié, à 3ʰ 50ᵐ de l'après-midi, des

chaloupes et des grelins par le *Porteur*, et, à
5ʰ, des cables chaînes, des grelins et des cabes-
tans par le *Marabout* ; les pompes demandées
avaient seules fait défaut.

Nous n'avons pas cru devoir entrer dans
tous les détails circonstanciés des travaux qui
incombèrent aux officiers et à l'équipage du
Duguesclin, pour l'alléger et assurer sa remise
à flot tant qu'on put la croire possible. Tous
travaillèrent avec ardeur, dévouement et in-
telligence. Ce ne fut qu'après minuit que des
détonations se faisant entendre dans les tôles et
l'inclinaison sur bâbord étant arrivée à trente
et un degrés, le commandant, après avoir
essayé de faire jeter à la mer quelques canons
de la batterie basse, opération que la bande du
navire rendit impossible, donna, vers 1ʰ 15ᵐ,
l'ordre d'envoyer tout son monde prendre à
bord du *Souffleur* un repos bien nécessaire.
Pour lui, resté seul à bord, il put constater,
au moyen d'une embarcation qu'il avait con-
servée, que, à 1ʰ 15ᵐ, moment de la marée
basse, à la suite des craquements incessants
qui se faisaient entendre dans le vaisseau, un
bordage s'était largué, à tribord de l'arrière de
l'échelle, à la hauteur de la dix-septième vir-

rure du doublage en cuivre jusqu'aux porte-
haubans de misaine ; que le corps de chau-
dière de bâbord avait remonté jusqu'à rejoindre
celui de tribord, et que la muraille de bâbord
avant s'était considérablement affaissée à partir
de la coupée.

Le lendemain, 15 décembre, il n'y avait
plus en quelque sorte qu'un sauvetage de matériel à faire, et le contre-amiral Pâris vint
en prendre la direction supérieure en faisant
mouiller son vaisseau l'*Algésiras* non loin du
Duguesclin.

L'équipage du vaisseau naufragé resta chargé, avec deux sections de gabiers du port, de
continuer le sauvetage du matériel accessible,
sous la direction du commandant Choux et de
son état-major. Cette opération continuée avec
énergie, malgré une série de coups de vent, de
la neige et un froid exceptionnels qui, parfois,
obligeaient à l'interrompre, était à peu près
terminée quand, le 6 janvier, M. Choux, reçut
l'ordre de revenir à Brest avec tout son personnel, en ne laissant, pour aider aux travaux
dont le port restait seul chargé désormais que
M. le lieutenant de vaisseau Tourneur et cent
hommes.

Plus tard, M. le lieutenant de vaisseau Mallet et M. l'ingénieur de Roussel, chargés de
continuer à alléger le *Duguesclin*, parvinrent,
après en avoir supprimé les hauts à partir des
préceintes, à venir l'échouer, au moyen de
pontons, sur la plage de Laninon où il fut
dépécé jusqu'au moindre morceau.

FIN.

TABLE

DES MATIÈRES

Bar-sur-Aube, Typ. de Mme Jardeaux-Ray.

www.ingramcontent.com/pod-product-compliance
Lightning Source LLC
Chambersburg PA
CBHW070739270326
41927CB00010B/2038